Bahn frei für die Turner ... Ihre komische Wirkung auf den frühen Postkarten ist ebenso ungewollt wie unwiderstehlich. Sie wirken männlich, gut deutsch und wollen ernstgenommen werden.
Die 80 von Robert Lebeck aus einer umfangreichen Sammlung ausgewählten und hier farbig abgebildeten alten Postkarten dokumentieren in charakteristischen Beispielen, wie sich dazumal Freude am Sport, Enthusiasmus für den Verein und harmlose Geselligkeit in der Pose einer heute schon phantastisch anmutenden turnerischen „Weltanschauung" vereinten. – Mit einem Nachwort von Hermann Heckmann.

Frisch, fromm, fröhlich, frei

80 alte Postkarten
gesammelt und herausgegeben
von Robert Lebeck

Mit einem Nachwort
von Hermann Heckmann

Harenberg

Die bibliophilen Taschenbücher
© Harenberg Kommunikation, Dortmund 1980
Alle Rechte vorbehalten
Gesamtherstellung: Karl Hitzegrad, Dortmund
Printed in Germany

Inhalt

Die Abbildungen 7

Nachwort von Hermann Heckmann 167

Abbildung 1

Chromolithographie
Lith. Kunst-Anstalt Illert & Ewald, Specialfabrik für Postkarten,
Groß-Steinheim-Hanau
Gesetzlich geschützt Nr. 3367

Am 22. 7. 1898 von Hamburg nach Eutin
An Frl. H. Lüderstaedt p. Adr. Herrn Senator Sommer in Eutin

Gut H

Gruss aus St Pauli

Liebe Hertha u. liebe
kleine Viola!

Abbildung 2

Chromolithographie
Verlag von Rauh & Pohle, Probsthaida-Leipzig. Nr. 107

Am 6. 9. 1902 von Altona nach Hamburg
An Frl. Dora Brumm, Grabenstr. 28, b. Lemke, Hamburg-St. Pauli

FREI HEIL!

Abbildung 3

Chromolithographie. Prägedruck
Verlag Reinhold Hertel, Berlin O., Wallstr. 24
Gedruckt in Ansbach. Nr. 24

Am 25. 12. 1901 von Frankfurt/Oder nach Breslau
An Herrn Curt Schaffartzick, Breslau, Klosterstr. 106

Frankfurt a. O. 25.12.1901.

Abbildung 4

Westholsteinischer Gau
30. Gauturnfest in Kellinghusen
6. und 7. Juni 1914

Chromolithographie
Verlag Georg Imfang, Frankfurt a. M. Süd, Schulstr. 1

Am 14. 6. 1914 von Itzehoe nach Altona
An Herrn August Lierk, Altona-Bahrenfeld, Chaussee 5 II

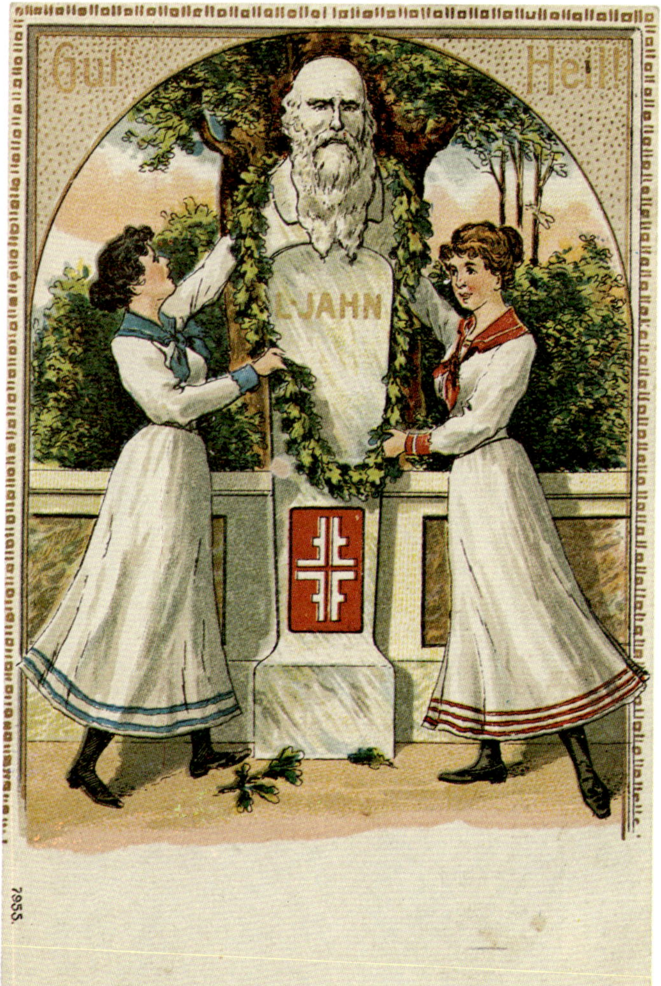
Gut Heil!
L. JAHN
7955.

Abbildung 5

Chromolithographie
Druck und Verlag von Ed. Strache, Warnsdorf i. B.
Turnerkarte Nr. 2

Am 11. 7. 1902 an Wohlgeboren Frl. Anna Herrmann, Wien XVI, Ottakringerstr. 21

Druck u. Verlag v. Ed. Strache, Warnsdorf i. B. Turnerkarte Nr. 2.

Abbildung 6

Handcolorierter Lichtdruck, Nr. 312 B
Um 1905

Aufkleber: Bund der Deutschen in Nied. Österr., 2 Heller.
An Ehrenfesten Frl. Anna Richter, Wien III: „Heilgrüße von der gut gelungenen Schillerfeier" mit dreizehn Unterschriften

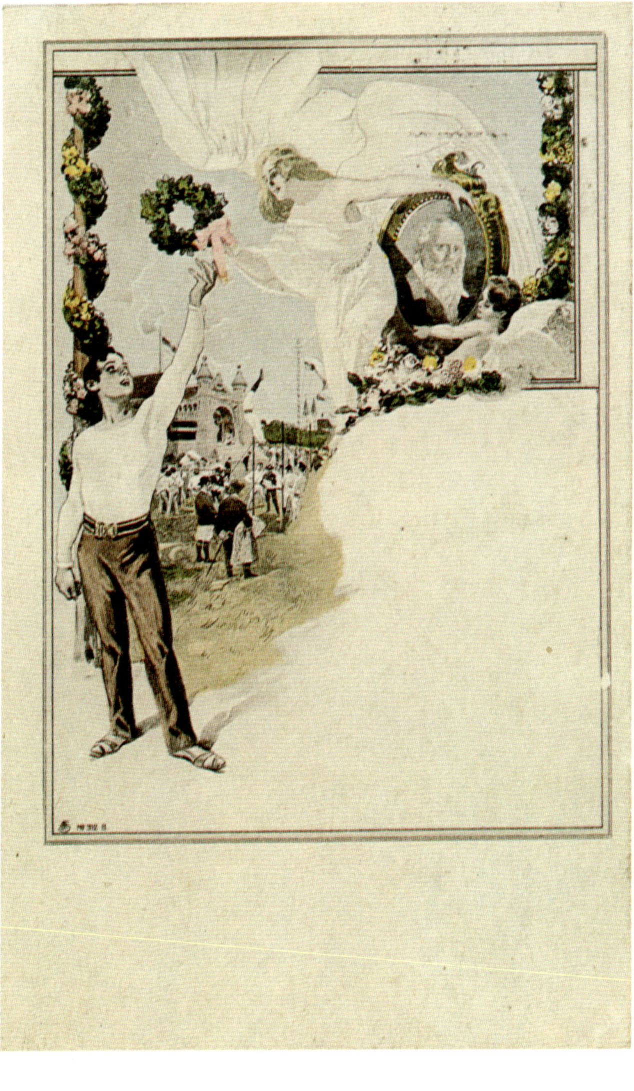

Abbildung 7

Farbiger Lichtdruck nach einer Zeichnung von A. Roth
Nr. 275 ges. gesch.
Um 1908

Aufkleber: Deutscher Volksrat für Böhmen, 2 Heller.
An Frl. Anna Richter, Wien III: „Heil Dir und der Turnerei. Heilgrüße von unserer Kneipe" mit elf Unterschriften

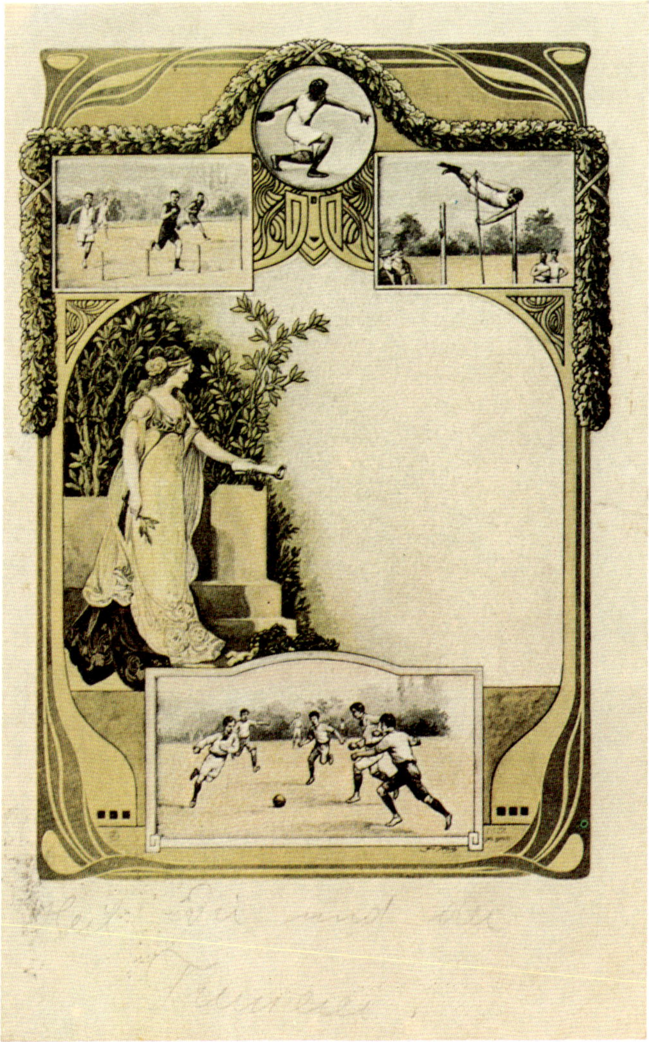

Abbildung 8

Offizielle Festpostkarte vom 54. Feldbergfest

Handcolorierter Lichtdruck Nr. 07 1127

Am 20. 6. 1909 vom Feldberg im Taunus nach Wien
An Herrn Franz Pudernik, Wien 2. Bez., Haidgasse 2: „Von dem herrlichen Feste, auf dem von 9 Wetturnern unseres Mannheimer Vereines 9 Preise geholt wurden, sendet Dir ein kräftiges Gutheil! Hans Petter" und sieben andere Unterschriften

54. Feldbergfest

Abbildung 9

Chromolithographie. Nr. 49
Verlag Rauh & Pohle, Leipzig, Hospitalstr. 21

Am 25. 6. 1905 von Lägerdorf nach Uetersen (Holstein)
An Herrn H. Holst, Gastwirt, Uetersen: „Gruß und besten Dank vom Turnverein Jahn, Lägerdorf."

Lägerdorf

Abbildung 10

Farbige Autotypie. Buchdruck
Serie 620. Printed in Germany
Um 1910

Gut Heil.

Abbildung 11

Farbige Autotypie. Buchdruck
Serie 620. Printed in Germany
Um 1910

Gut Heil.

Abbildung 12

Neuntes Deutsches Turnfest in Hamburg 1898
Chromolithographie von Carl Griese, Hamburg

An Frl. Anna Siewers, Hamburg, Finkenau 13: „Auch ich wollt' einst zum Turnen gehn; doch ist's bis heute nicht geschehn. Wohl macht das Turnen uns gewandt, doch drüber gehet mir: Immanuel Kant. Emilie."
d. 5. 11. 1898

IX. Deutsches Turnfest in Hamburg 1898

„Gut Heil."

*Auch ich wollt' auch zum Turnen gehn,
doch ist's bis heute nicht geschehn.
Wohl macht das Turnen mich gesund,
doch darüber geht mir,*

Immanuel Kant.

d. 5/11 1898.

Emilie.

Abbildung 13

Gruß vom IX. deutschen Turnfest in Hamburg
vom 23. bis 27. Juli 1898

Chromolithographie
Lith. Kunst-Anstalt Illert & Ewald, Specialfabrik für Postkarten, Groß-Steinheim-Hanau
Gesetzlich geschützt Nr. 3421

Am 25. 7. 1898 von Hamburg nach Rendsburg
An Frl. K. Schüler, Adr. P. Frerk, Kaufmann, Rendsburg

Gruss vom IX. deutschen Turnfest in Hamburg vom 23. bis 27. Juli 1898.

Gesetzlich geschützt N: 3421

Abbildung 14

Festkarte zur Erinnerung an das Deutsche Turnfest Hamburg

Chromolithographie
Verlag: Röpke & Woortman, Hamburg. Nr. 536
1898. Unbeschrieben

FESTKARTE zur Erinnerung an das **Deutsche Turnfest HAMBURG.**

Friede. Ludw. Jahn.

Abbildung 15

Gruß aus Hamburg!
Zur Erinnerung an das 9. deutsche Turnfest

Autotypie, Buchdruck. Nach einer Zeichnung von Loes
Jahn-Medaillon im Prägedruck
Postkartenverlag Vogel, Leipzig. Nr. 222

Am 23. 7. 1898 von Hamburg nach Rendsburg
An Frl. Cl. Schüler, p. Adr. Frl. Beckmann, Rendsburg, Löwenstr.

Gruss aus Hamburg!

Fried. Ludw. Jahn.

Zur Erinnerung an das 9. deutsche Turnfest.

No. 222. Postkarten-Verlag Vogel, Leipzig.

Abbildung 16

IX. Deutsches Turnfest in Hamburg
Gut Heil. Es ist ja alles da!

Chromolithographie
Verlag von Oskar Stoltze, Hamburg

Am 5. 8. 1898 von Hamburg nach Rendsburg
An Frl. Claire Schüler, p. Adr. Frl. Beckmann, Rendsburg, Löwenstr. 9:
„Hamburger Damen sind sehr chic und auch mit dem Pausieren sehr fix! Das Turnfest lieferte Zeugnis dafür, drum senden wir diese Karte Dir." Mehrere Unterschriften

IX. Deutsches Turnfest in Hamburg.

Gut Heil!

Es ist ja Alles da!

Abbildung 17

Postkarte für das IX. Deutsche Turnfest
Hamburg 23.–27. Juli 1898

Chromolithographie

Am 20. 12. 1900 von Hamburg nach Hamburg
An Herrn Hermann Falck, Hamburg, Jenischstr. 58, Haus 3, I. 1

Turnfest Hamburg 1898
Postkarte für das IX Deutsche ... 21 Juli

Abbildung 18

Postkarte für das IX. Deutsche Turnfest
Hamburg 23.–27. Juli 1898

Chromolithographie

Am 20. 12. 1900 von Hamburg nach Hamburg
An Herrn Hermann Falck, Hamburg, Jenischstr. 58, Haus 3, I. l

Turnfest Hamburg 1898

Abbildung 19

Gruß vom Massenquartier

Chromolithographie
Druck und Verlag von Bruno Bürger und Ottilie, Lith. Anstalt Leipzig

Am 21. 7. 1906 von Itzehoe nach Altona
An Herrn Aug. Lierk, Altona-Bahrenfeld, Bahrenfelder Chaussee 5 II.

GUT HEIL!

Frisch, Fromm, Fröhlich, Frei · Gruss vom Massenquartier

Abbildung 20

Chromolithographie

Am 9. 8. 1898 von Wien nach Frencsen-Teplicz
An Wohlg. Frl. Hermiene Ingruber, Frencsen-Teplicz, Simmongasse Nr. 54, Ungarn

Frisch Fromm Fröhlich Frei!
Es lebe hoch die Turnerei.

Vater Jahn

Abbildung 21

Gut Heil vom 2. Bundes-Turnfeste des deutschen Turnerbundes 15.–16. Erntemonds 1896 in Salzburg

Chromolithographie
Verlag Schneider & Lux, Wien

Am 9. 12. 1897 von Salzburg nach Lissabon
An Herrn Carlos Reese, Lissabon, Calcade do Correio Velho 3:
„9. 12. 97 E. W.
Sende Ihnen diese seltene Ansichts-Karte auf Ihre Annonce im General Anzeiger u. bitte um Gegenwert. Gegen officielle Postkarten u. bessere Marken sende ich Ihnen viele Ansichts Karten von hier und Umgebung. Mit ‚Gut Ferngruß' J. Amanshauser, Lehrer, Salzburg"

Heil

vom 2. Bundes-Turnfeste des deutschen Turnerbundes 15.-16. Erntemonds 1896 in Salzburg

E.W. 15./16. Erntemonds 9.S. 97.

Senden Ihnen diese seltene Ansichts-
karte auf Ihre Anfrage im General-
anzeiger u. bitten um Gegenwert. Eigen
offizielle Postkarten u. Vereinskarten
Oesterr. Bestandes von uns sind unerhältlich.

mit viele Ihnen viele herzliche Grüßen von

Mar. Joh. Walther, Schwesterneffe Lehrer, Salzburg

Abbildung 22

Gauturnfest in Charlottenburg 1. Juli 1900

Lichtdruck nach einer Zeichnung von Albert Mühlnickel von der Charlottenburger Turngemeinde

Am 1. 7. 1900 von Charlottenburg nach Berlin
An Herrn Moritz Arendt, Berlin S. W. 46, Hafenplatz 9

Gauturnfest
in Charlottenburg 1. Juli 1900.

Deutsche Turnerschaft,
Kreis IIIb.
Berliner Turnrath.

Vorst. Tv. Taubst. ✦ Tv. Herz. ✦ V. d. Turnlf. ✦ Tv. Gesundbr. ✦ Tv. Wedding. ✦ Frisch auf. Nieder-Schönhausen. ✦ Dorner Reinickendorf.
Tv. Fruh u. Frau. ✦ Charl. Turnerschaft. ✦ Tv. Tegel. ✦ Jahn Charl. ✦ Jahn Berl. ✦ Jahn Rixdorf. ✦ Tv. Osten. ✦ Acad. T. Arminia. ✦ Tv. frisch auf. ✦ Tv. Tempelhof. ✦ Ac. Tv. Kurmark. ✦
Berl. Turnerv. ✦ Acad. Turnv. ✦ M. T. Warner. ✦ Ask. Turnv. ✦ Tgsch. Berl. Moabit. ✦
Tv. Friesen, Rixdorf. ✦ Tv. Vereint Vorwärts. ✦ Tv. Berl. Lehrer. ✦ Lübeckscher Tv. ✦
Taubst. ✦ Tv. Friedrich. ✦ Tv. Hasenhaide. ✦ Tv. Einigkeit. ✦ Tv. Weissensee ✦ Tsch.f. d. Berl. Handwerk. V. ✦

Charl. Turngem.
Fr. Friesen Charl.

Abbildung 23

Chromolithographie
Verlag Rauh & Pohle, Probstheida-Leipzig

Am 8. 9. 1902 von Hamburg nach Hamburg
An Frl. Dora Brumm, Grabenstr. 28 bei Lemke, Hamburg St. Pauli

Frei Heil!

Zu beziehen durch Rauh & Pohle, Probstheida-Leipzig.

Abbildung 24

Chromolithographie
Verlag Ottmar Zieher, München

Am 24. 8. 1902 von Hamburg nach Hamburg
An Frl. Dora Brumm, Grabenstr. 28 bei Lemke, Hamburg St. Pauli

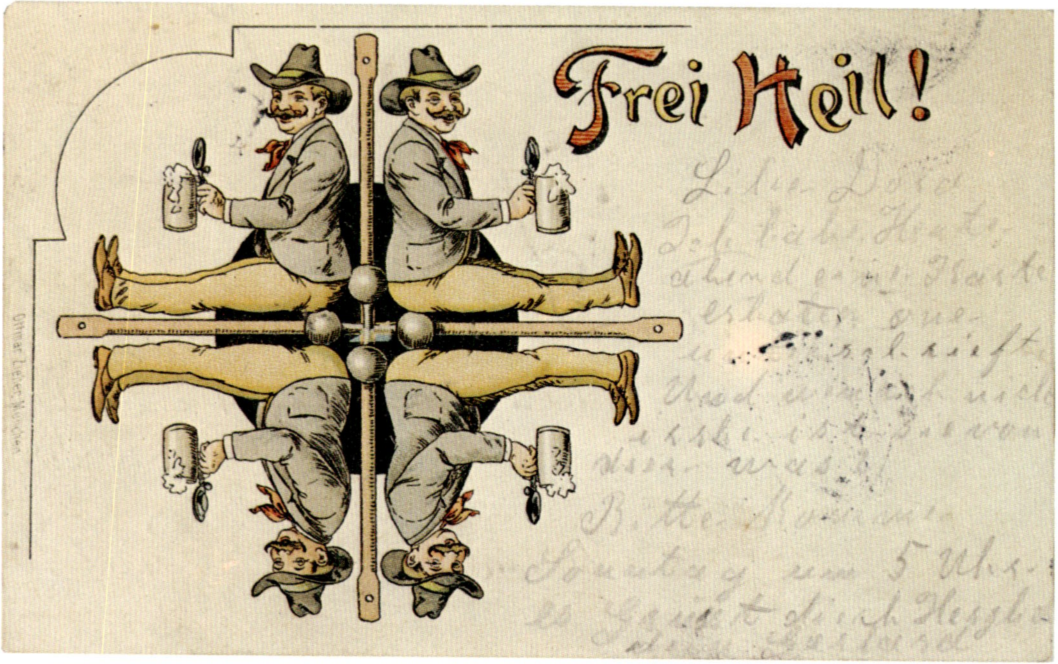
Frei Heil!

Abbildung 25

25. Mittelrheinisches Jubiläums Kreis-Turnfest zu Offenbach a/M.
Juli 1901
Officielle Festpostkarte Nr. II herausgegeben vom Preß-Ausschuß

Chromolithographie nach einem Entwurf von A. Klug

Am 14. 7. 1901 von Offenbach (Main), Turn-Festplatz nach Göhren (Rügen). An Frau J. Arnold, Villa Kros, Göhren

25. MITTELRHEINISCHES JUBILÄUMS KREIS-TURNFEST ZU OFFENBACH A/M. JULI 1901

Grosses Werk gedeiht Nur durch Einigkeit!

Gut Heil!

Abbildung 26

Rüsselsheimer Turnerschaft
Gruß vom Gauturnfest Rüsselsheim, 15., 16., 17. Juli 1905

Chromolithographie
Verlag von Peter Scherer I, Rüsselsheim a. M.

Bahnpost-Stempel Zug 252 am 18. 7. 1905
Ankunfts-Stempel: Sennelager (Kr. Paderborn), 19. 7. 1905
An Herrn Albert Arnold, Unteroff. d. Res. im Feldart. Reg. 61, 1. Batt., Sennelager (Westfalen)

RÜSSELSHEIMER TURNERSCHAFT
GUT HEIL
GRUSS vom GAUTURNFEST RÜSSELSHEIM
15. 16. 17. Juli 1905.
Tante Sofie
75 Verlag v. Peter Scherer I Rüsselsheim a. M.

Abbildung 27

Gruß von Turnvater Jahn's Haus, Freyburg a./U.

Chromolithographie
Lith. u. Druck Robert Raab, Crimmitschau

Am 20. 8. 1900 von Freyburg (Unstrut) nach Winsen (Luhe).
An Frau Minna . . ., Molkerei, Winsen a./Luhe bei Harburg

Gruss Turnvater Jahn's Haus von Freyburg a/U.

Zur Zeit Jahn's.

Abbildung 28

14. Bayer. Turnfest, Würzburg, 10.–23. Juli 1912

Farbige Autotypie. Buchdruck
Franz Scheiner graph. Kunstanstalt Würzburg
Verlag: Gruppe Würzburg e. V. des Verbandes deutscher Papier & Schreibwarenhändler e. V.

Am 21. 7. 1912 von Würzburg nach Bamberg
An Frl. Martha Ehmann, Bamberg, Promenade 5

14. BAYER. TURNFEST
WÜRZBURG, 19.-23. JULI 1912

Abbildung 29

Gruß aus Sande b. Bergedorf

Chromolithographie
Verlag M. Glückstadt & Münden, Hamburg. geschützt Nr. 3422

Am 12. 8. 1900 von Bergedorf nach Altona
An Herrn P. Lorenz, Altonaer Sonntagsschule, Altona, Westerstr.

Gruss aus Sande b. Bergedorf

WillKomm
Gut Heil

M. Glückstadt & Münden, Hamburg

geschützt No 3422

Abbildung 30

Chromolithographie
Verlag Ottmar Zieher, München

Am 15. 6. 1902 von Nandlstadt nach Lager Hammelburg.
Soldatenkarte. Eigene Angelegenheit des Empfängers.
An Wohlgeb. Herrn Max Schmucker, Sanitäts-Gefreiter beim
9. Artillerie Regiment, zur Zeit Lager Hammelburg

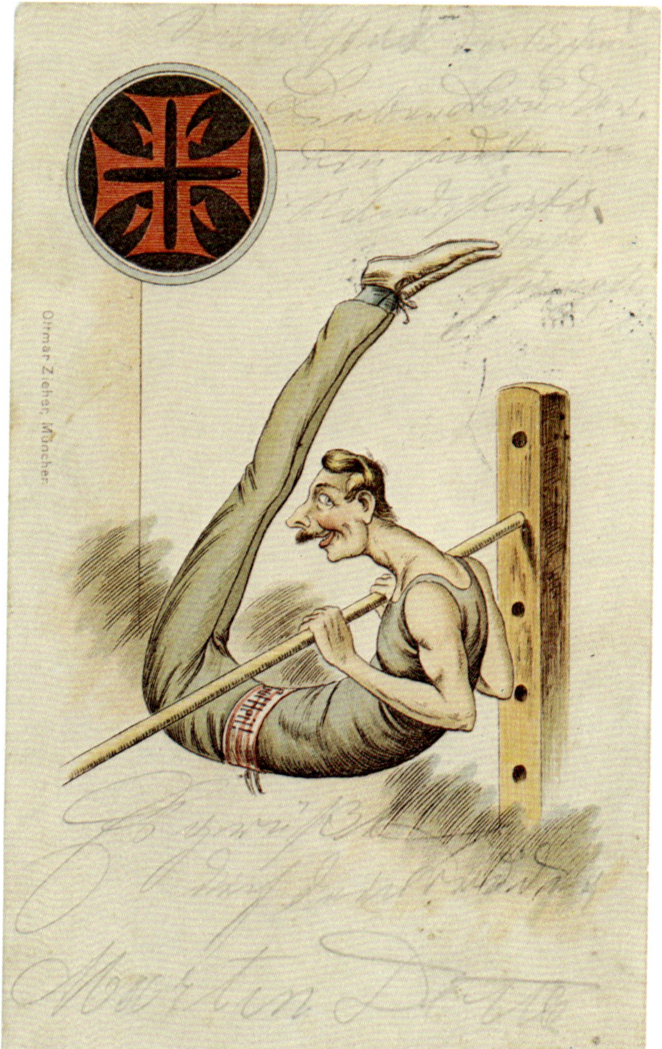
Ottmar Zieher, München

Abbildung 31

V. Kongreß und Wettbewerb des Nationalen [italienischen] Turnerbundes in Bologna – Mai 1901

Chromolithographie nach einem Entwurf des bekannten italienischen Künstlers M. Dudovich.
Bologna – Prem. Stab. Lit. Dott. E. Chappuis.
Unbeschrieben

V CONGRESSO E CONCORSO NAZIONALE FEDERA-
LE GINNASTICO IN BOLOGNA · MAGGIO 1901

Abbildung 32

Einzug der Turner in Nürnberg
X. Deutsches Turnfest zu Nürnberg 1903 (18.–22. 7. 1903)
Offiz. Postkarte der Turnfestleitung.
„No. 1. Die Feststadt." Ganzsache 5 Pf. Bayern

Chromolithographie nach einem Entwurf von A. Jöhnssen.
Lith. & Druck von E. Nister, Nürnberg

Sonderstempel: Nürnberg – Turnfest, 21. 7. 1903.
An Herrn Wilhelm Bick, Esslingen a./N., Fischbrunnen

Einzug der Turner in Nürnberg.

Abbildung 33

Die Lützower im Festzuge
X. Deutsches Turnfest zu Nürnberg 1903
Offiz. Postkarte der Turnfestleitung.
„No. 5. Aus dem Festspiel"

Chromolithographie
Lith. & Druck von E. Nister, Nürnberg

Sonderstempel: Nürnberg – Turnfest, 22. 7. 1903
An Herrn Kämmerer Süßemilch, Goslar a./H. Breitestr. 2

Die Lützower
im Festzuge.

Abbildung 34

Elftes deutsches Turnfest zu Frankfurt a. Main 1908
Offizielle Festpostkarte No. 1
Ganzsache 5 Pf. Germania

Chromolithographie nach einem Entwurf von A. Goebel.
Lith. u. Druck v. E. G. May Söhne, Frankfurt a. M.
Unbeschrieben

Elftes deutsches Turnfest zu Frankfurt a. Main 1908

GUT HEIL

Abbildung 35

Gruß vom 11. Deutschen Turnfest, Frankfurt a. M., Juli 1908

Farblithographie
Verlag: Andreas Josef Keil, Frankfurt a. M., Kaiserstr. 73
Zeichnung: Atelier Koban, Darmstadt
Druck: Leister & Hamburger, Frankfurt a. M.

Am 21. 7. 1908 von Frankfurt nach Berlin
An Herrn Moritz Arendt, Berlin S. W., Lützowstr. 5

GRUSS VOM 11. DEUTSCHEN TURNFEST FRANKFURT A.M. JULI 08

Abbildung 36

XI. Deutsches Turnfest zu Frankfurt a. Main, Juli 1908
Offizielle Festpostkarte No. 2
Ganzsache 5 Pf. Germania

Chromolithographie nach einem Entwurf von K. Landgrebe.
Lith. Wüsten & Co. Frankfurt a. M. Ges. gesch.

Sonderstempel: Frankfurt (Main), XI. Deutsches Turnfest, 19. 7. 1908.
An Frl. Fr. Schneider, Goslar a. Harz, Marktstr. 20

JULI 1908
XI. DEUTSCHES TURNFEST
ZU FRANKFURT A. MAIN

Abbildung 37

[Schweizerisches] Bundes-Turnfest
Lausanne vom 9. bis 13. Juli 1909
Offizielle Festpostkarte

Autotypie, Buchdruck nach einem Entwurf von F. Rouze.
Verlag von „La Semaine à Lausanne" (Th. Sack-Reymond).
Unbeschrieben

Fête fédérale de GYMNASTIQUE

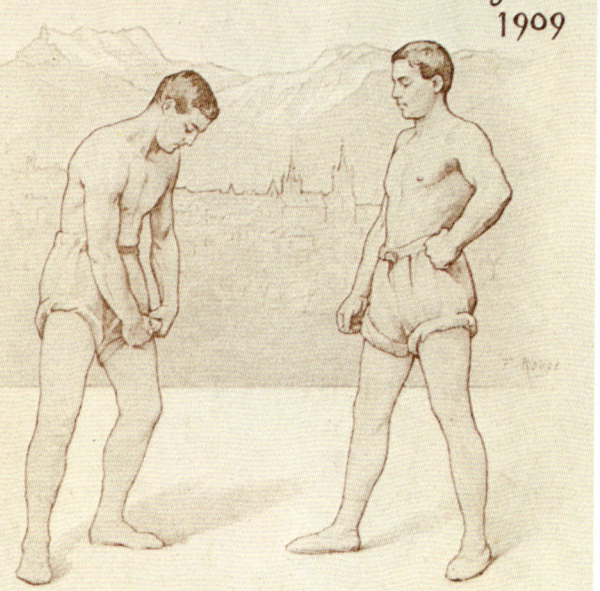

Lausanne du 9 au 13 juillet 1909

Abbildung 38

X. Verbands-Turnfest des Landesverbandes der Turnvereine in Elsaß-Lothringen
27.–29. Juni 1914 in Gebweiler
Offizielle Festpostkarte

Chromolithographie
Verlag: Rösch & Winter, Leipzig

Am 29. 6. 1914 von Gebweiler nach Zürich
An Herrn Anton Laibel, ‚Kronenhalle', Zürich, Schweiz

X. Verbands-Turnfest

des Landesverbandes der Turnvereine
in Elsass-Lothringen

27.-29. Juni 1914 in Gebweiler

Abbildung 39

Werbekarte für die Bestellung von Postkarten durch Turnvereine

Chromolithographie von der Lith. Kunstanstalt Heinr. & Aug. Brüning, Hanau, Dep. 8142
Verlag von Phil. Koburger, Hanau a. M.
Um 1902. Unbeschrieben

GUT=HEIL!

Preise:
100 St. ℳ 5.— 500 St. ℳ 22.50
1000 St. ℳ 40.—
gegen Nachnahme oder Voreinsendung
Von 500 Stück an Aufdruck des Vereinsnamens oder der betr. Festlichkeit kostenlos.

Phil. Koburger, Hanau a. M.

Abbildung 40

Gut Heil!

Fotografie
Verlag Fr. Wenzel, Braunau i. B.
Generalvertreter Österreichs in deutschvölkischen Postkarten

Am 6. 2. 1910 von Uttendorf, Österreich, nach Handenberg
An Wohlg. Frl. Zenzi Schonerwold, Gastwirtstochter, Handenberg b. Öst.

Gut Heil!

Abbildung 41

Zur Erinnerung an das 25. Gauturnfest des Vorpommerschen Turngaues, verbunden mit Fahnenweihe des Turnvereins „Gut Heil"-Elmenhorst zu Elmenhorst am 1., 2. u. 3. Juli 1911

Lichtdruck nach einer Fotografie von A. Kraehmer, Grimmen

2. 7. 1911. An Fräulein Hertha Foth, Stralsund, Greifswalder Chaussee 25: „Augenblicklich sind wir bei der Fahnenweihe des Turnvereins hier. Der Commers ist nett, die Unterhaltung u. die Aufführungen nicht ohne. Wir sind tadellos aufgenommen. Vorwürfe habe ich hier schon von jedem, den ich kenne (oder der mich), erhalten.
Viele herzliche Grüße Dein Franz. Wir wurden fein mit dem Auto nach dem Bahnhof E. gefahren."

Zur Erinnerung an das 25. Gauturnfest des Vorpommerschen Turngaues, verbunden mit Fahnenweihe des Turnvereins „Gut Heil"-Elmenhorst zu Elmenhorst am 1., 2. u. 3. Juli 1911

Abbildung 42

Taubstummen-Turnverein „Friedrich"
Erinnerung an das 15jährige Bestehen der Frauen-Abteilung
28. 10. 1911

Lichtdruck
Verlag von M. John
Unbeschrieben

Taubstummen-Turnverein „Friedrich". Erinnerung an das 15 jährige Bestehen der Frauen-Abteilung 28. 10. 1911.

Abbildung 43

Fotografie

Markt Oberdorf, 17. 11. 1907.
An Wohlgeb. Herrn Jos. Eschey, Schlosser, Augsburg, lg. Sachsengäßchen H. 194 II: „Lieber Seppl! Sende Dir hier eine Ansicht von meiner Gesellschaft . . ."

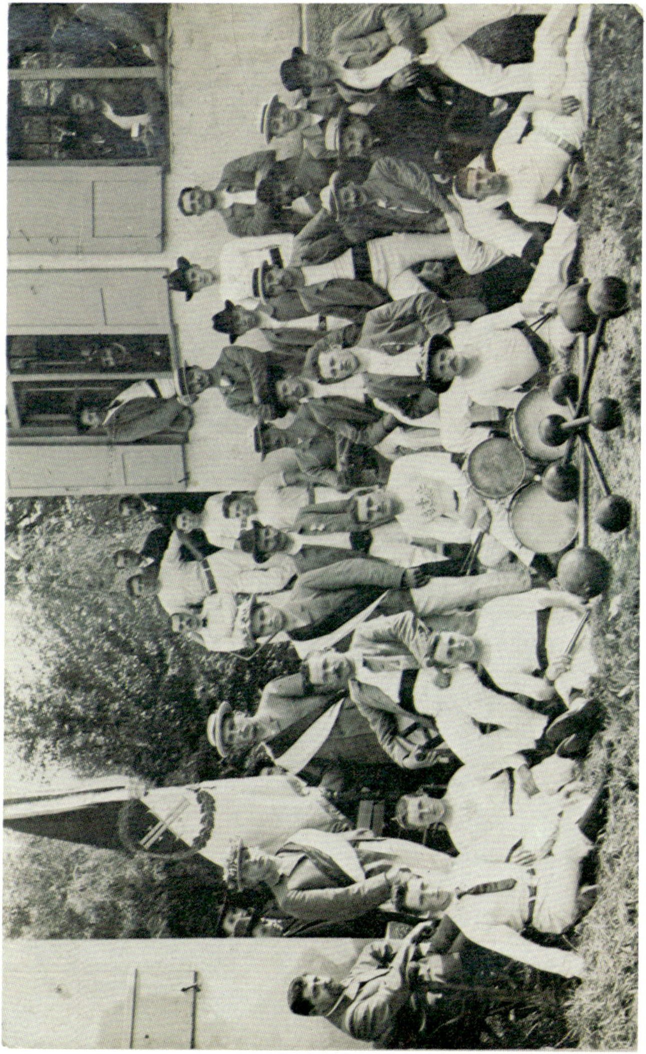

Abbildung 44

Lichtdruck
nach Fotografien von L. Demuth, Braunschweig, Bohlweg 18

Handschriftlich: F. Gersting. (Turnlehrer des M. T. V.)
52. Stiftungsfest des M. T. V. 20. 11. 1912

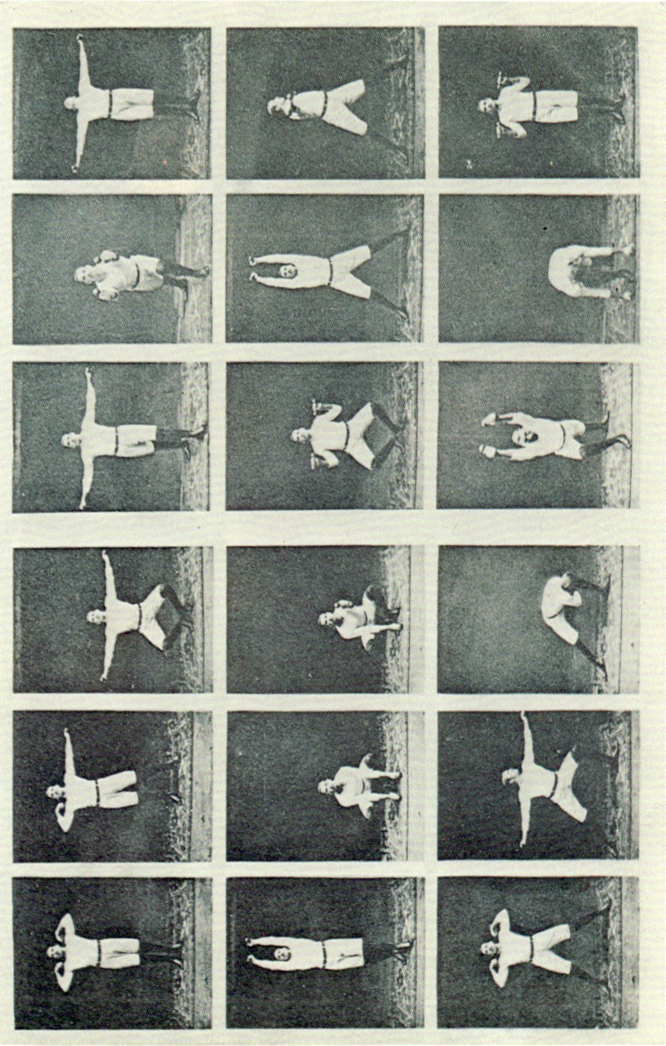

Abbildung 45

Gruß vom 40. Gaufest
Turnverein Odenkirchen 1909

Lichtdruck
Fotos und Verlag: Photogr. Atelier Ludwig Steffen, Odenkirchen

Odenkrichen, 1. 8. 1909
An Frl. Traudchen Schmitz p. A. Wilh. Jansen, Hünshoven bei Geilenkirchen

Gruss vom 40. Gaufest

Turnverein Odenkirchen 1909.

Abbildung 46

Turner-Brüderschaft Braunschweig MASKERADE 1914
„Der Teufelsspuk"
Fotografie
Ausgeführt im Atelier „Helios"
Inh.: E. Berner, Braunschweig, Friedrich-Wilhelmplat 5

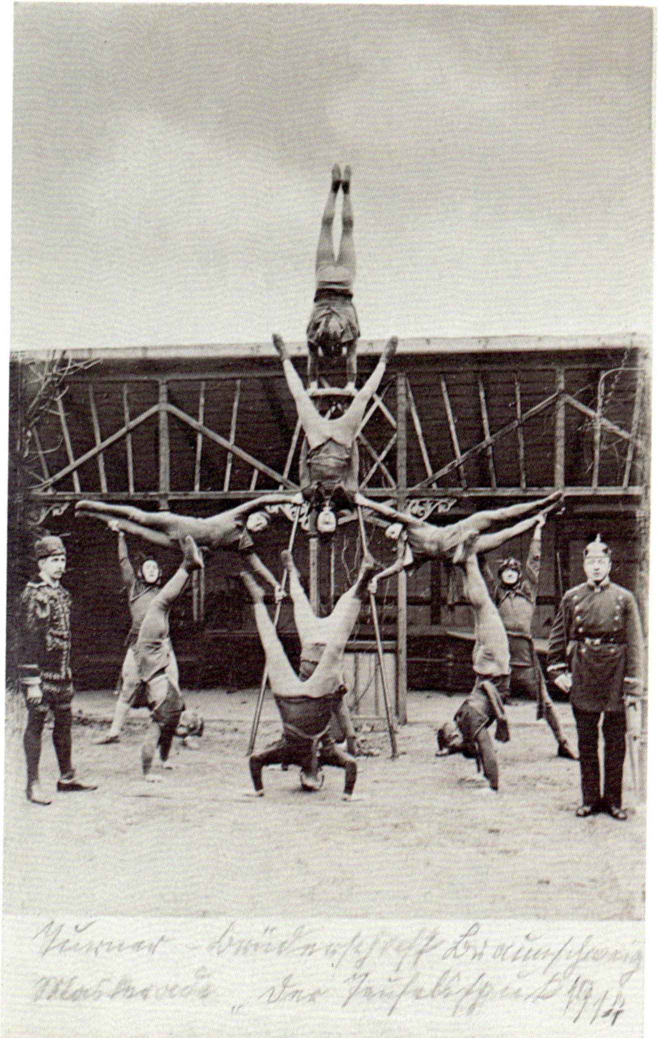

Abbildung 47

Farbige Autotypie. Buchdruck
Serie 979

An Frl. Anna Siewert, Adr. Herrn Breithaupt, Berlin-Halensee,
Aug. Viktoriastr. 7, III. Etage
Berlin, 24. 11. 1919

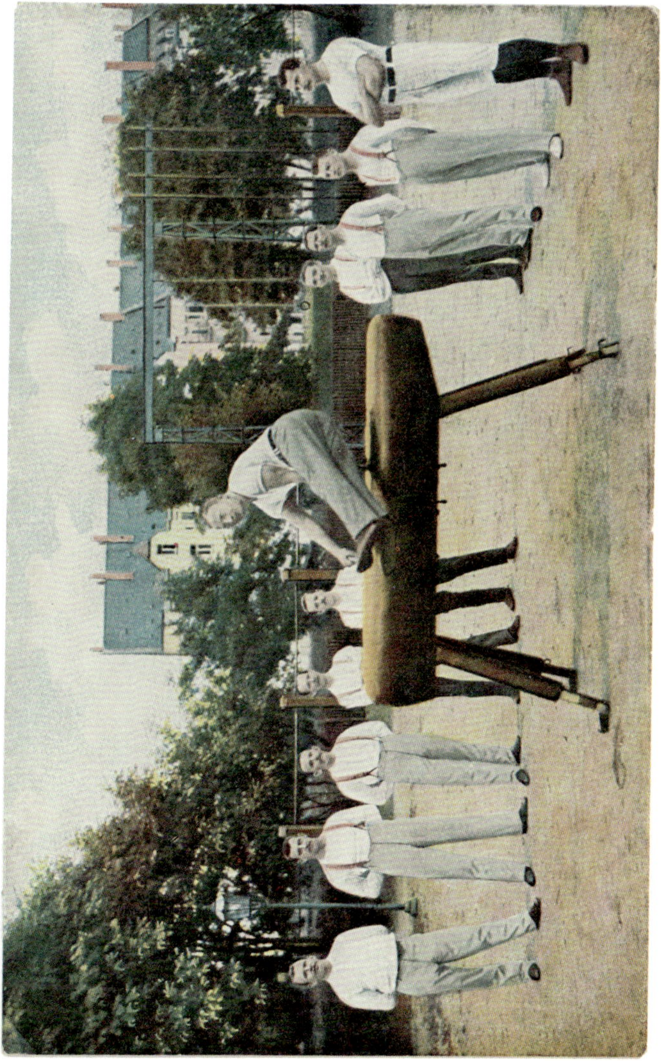

Abbildung 48

Farbige Autotypie. Buchdruck
Serie 427

Restaurant Aug. Dalinghaus, Lingen (Ems)
4. 4. 1911
An Frl. Anna Hardt, Niendorf, Ostsee

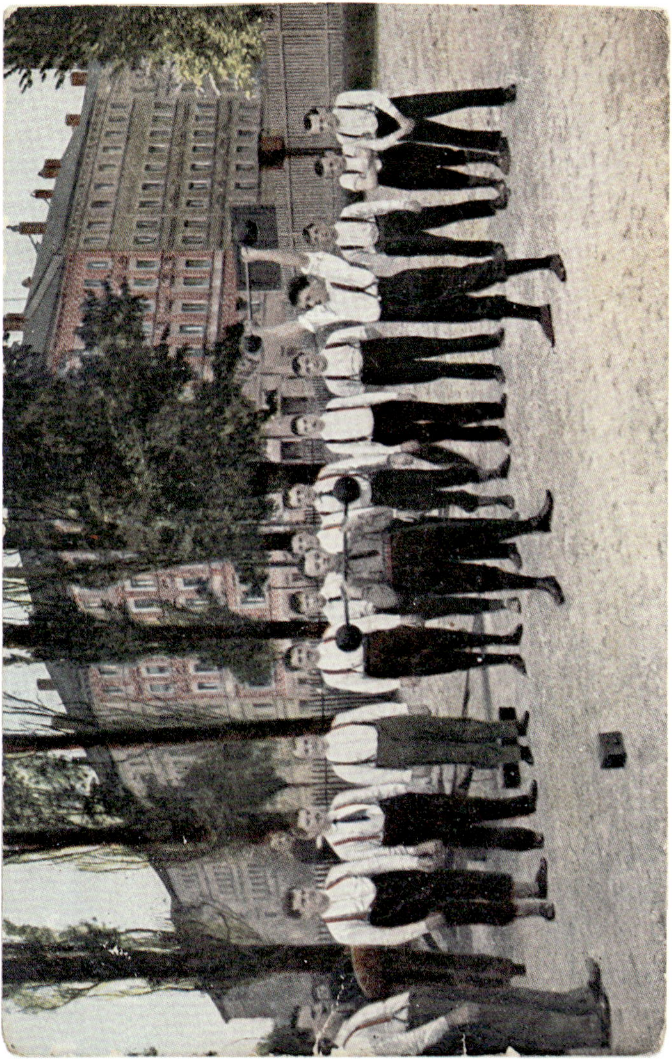

Abbildung 49

Wien, Gänsehäufel
Turnübungen

Handcolorierter Lichtdruck
Verlag Brüder Kohn, Wien I., Serie Nr. 334 – 12
Um 1910
Unbeschrieben

Wien, Gänsehäufel. Turnübungen.

Abbildung 50

Frei- und Handgerätübungen
Nr. 19

Farbige Autotypie. Buchdruck
Arbeiter-Turnverlag A.-G., Leipzig
Um 1912
Unbeschrieben

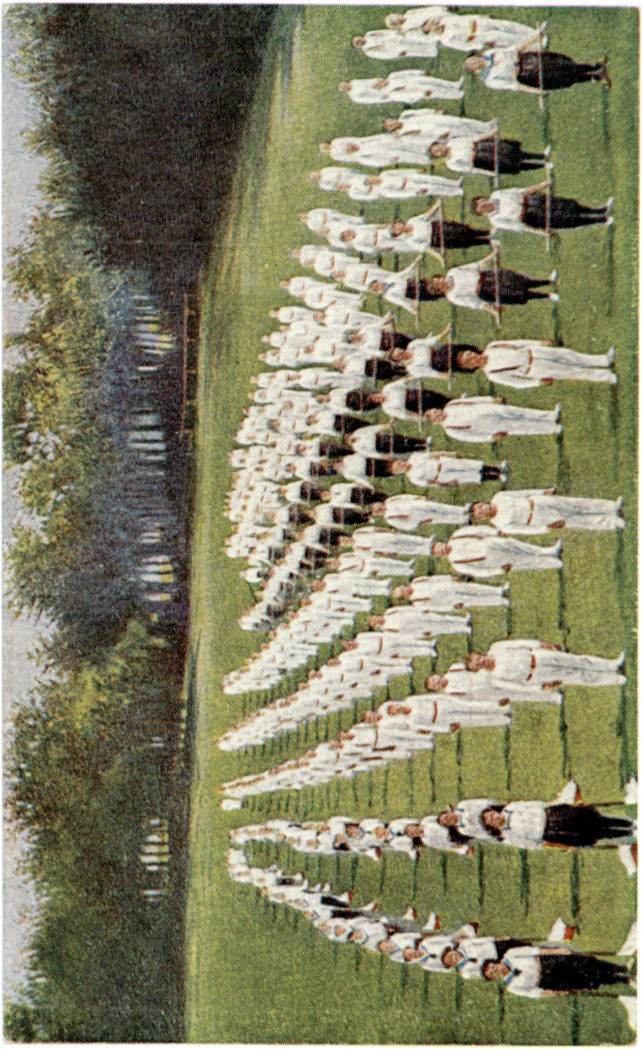

Abbildung 51

Freiübungen im Luftbad
Nr. 9

Farbige Autotypie. Buchdruck
Arbeiter-Turnverlag A.-G., Leipzig
Um 1912
Unbeschrieben

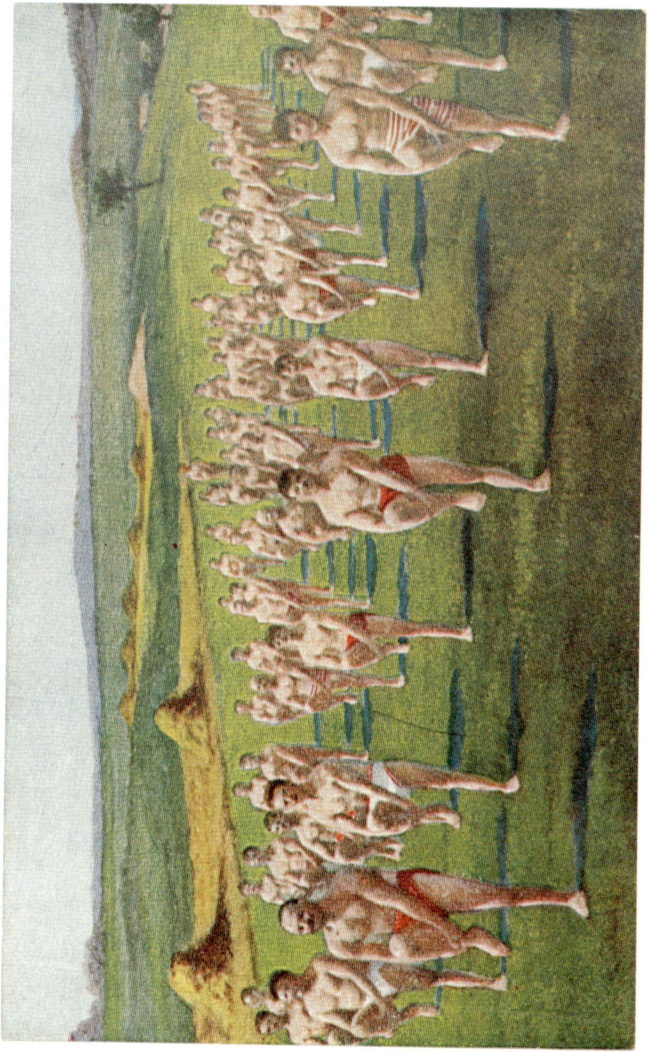

Abbildung 52

Überschlag rückwärts
Nr. 13

Farbige Autotypie. Buchdruck
Arbeiter-Turnverlag A.-G., Leipzig
Um 1912
Unbeschrieben

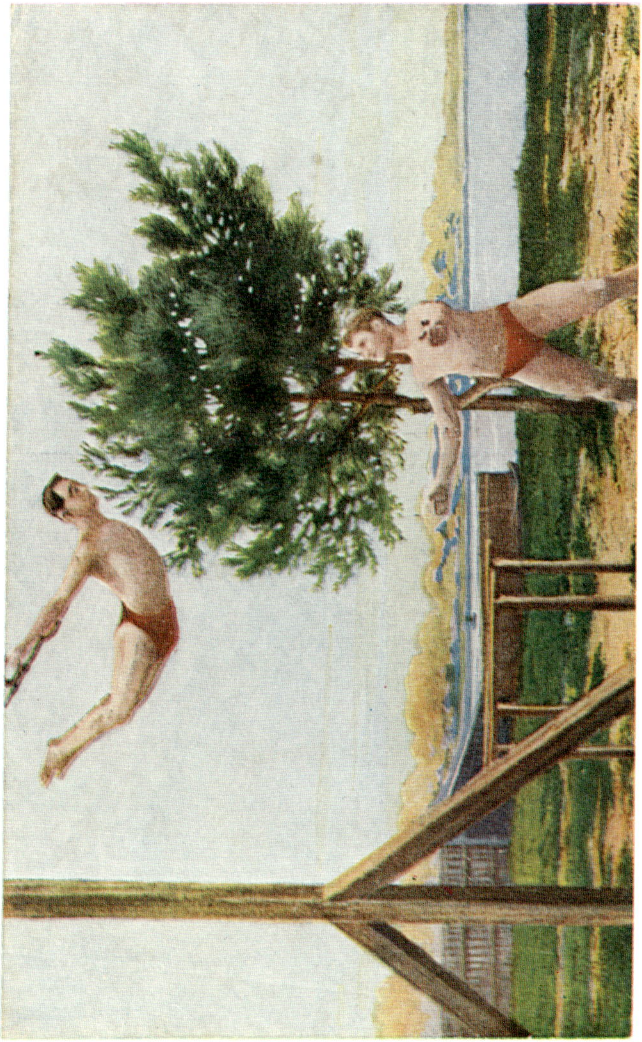

Abbildung 53

Hürdenlauf
Nr. 5

Farbige Autotypie. Buchdruck
Arbeiter-Turnverlag A.-G., Leipzig
Um 1912
Unbeschrieben

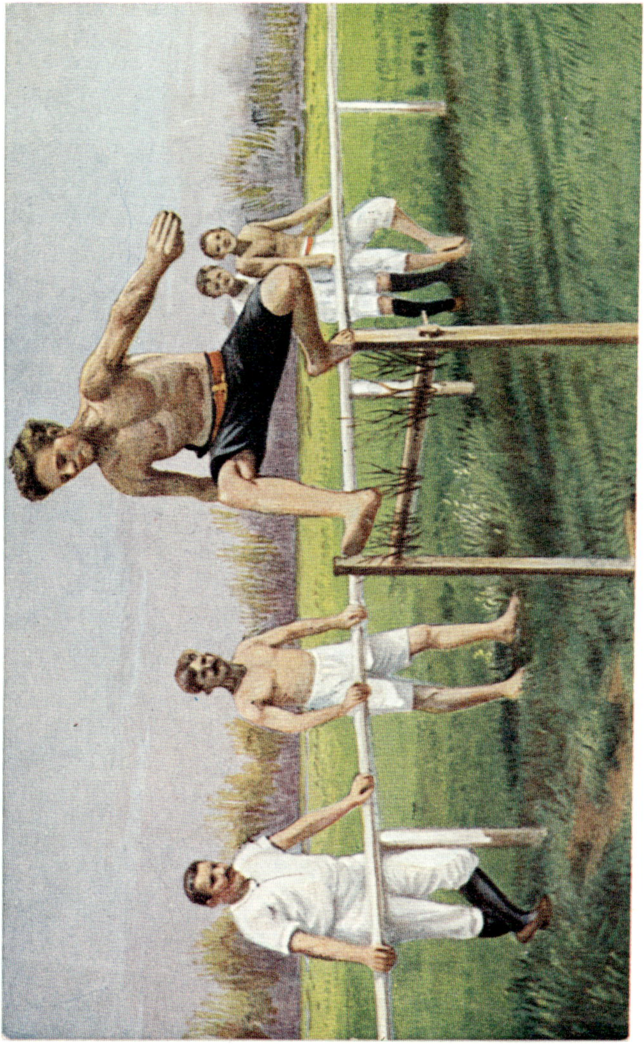

Abbildung 54

Rumpfrücksenken aus dem Sitz
Nr. 32

Farbige Autotypie. Buchdruck
Arbeiter-Turnverlag A.-G., Leipzig
Um 1912
Unbeschrieben

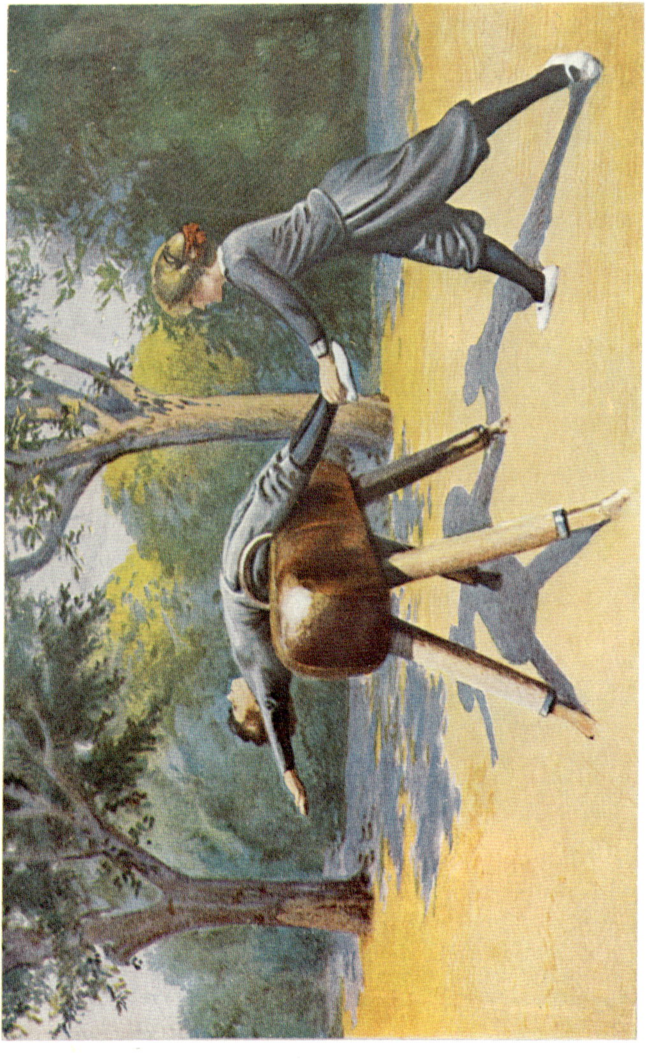

Abbildung 55

Stützwaage
Nr. 35

Farbige Autotypie. Buchdruck
Arbeiter-Turnverlag A.-G., Leipzig
Um 1912
Unbeschrieben

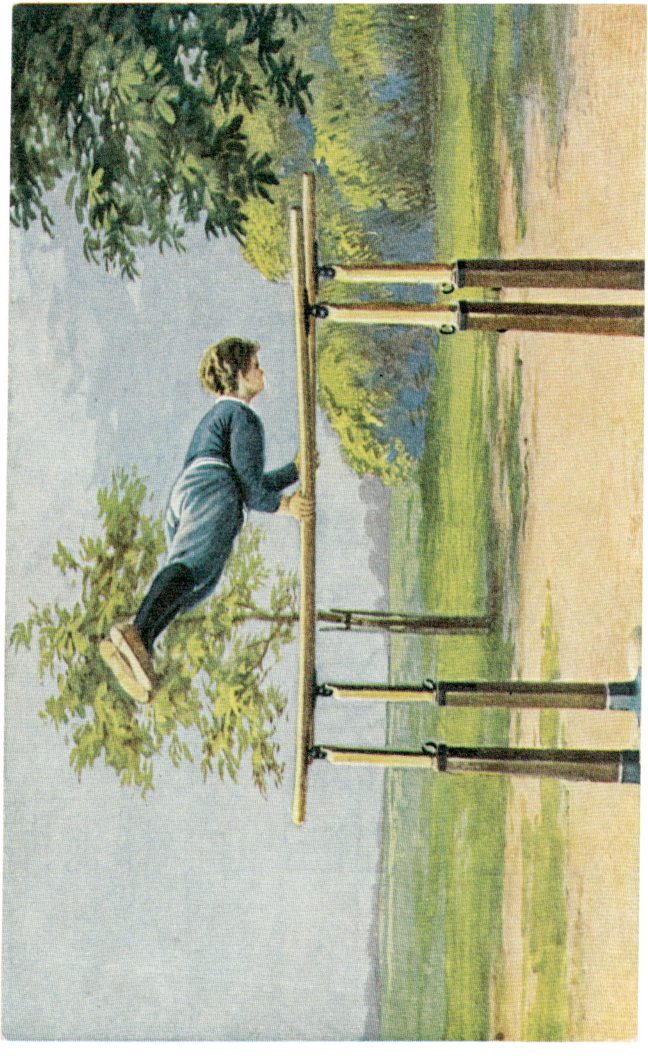

Abbildung 56

Kreiswende links
Nr. 27

Farbige Autotypie. Buchdruck
Arbeiter-Turnverlag A.-G. Leipzig
Um 1912
Unbeschrieben

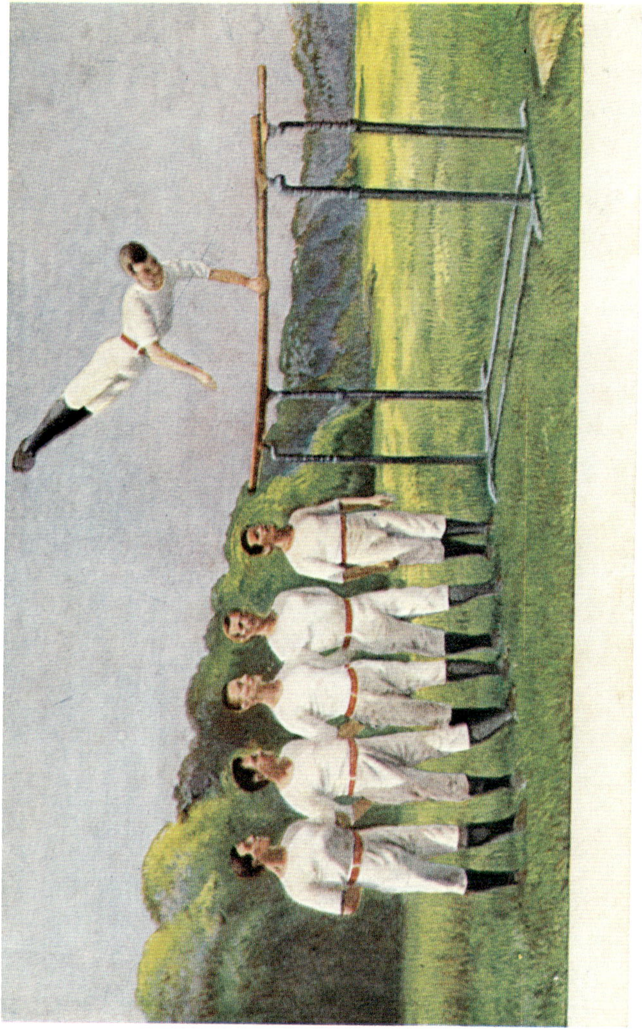

Abbildung 57

Sport Serie 2
Lithographie. Prägedruck
Am 7. 4. 1906 von Hamburg nach Hamburg
An Frl. Paula Kolbe, Hamburg I, Kornträgergang 43

Liebe Frau!
Sende Ihnen
einige Herzgrüße
frisch aus dem
Wiener Aufenthalt
Aug. 17. 1906

Abbildung 58

Am Barren, Serie 1 – 1
Nr. 07 21907

Lichtdruck
Arbeiter-Turnverlag, Leipzig

Am 12. 9. 1916 von Varel (Oldenburg) nach Braunschweig.
An Herrn Karl Bark, Braunschweig, Steige 4 p

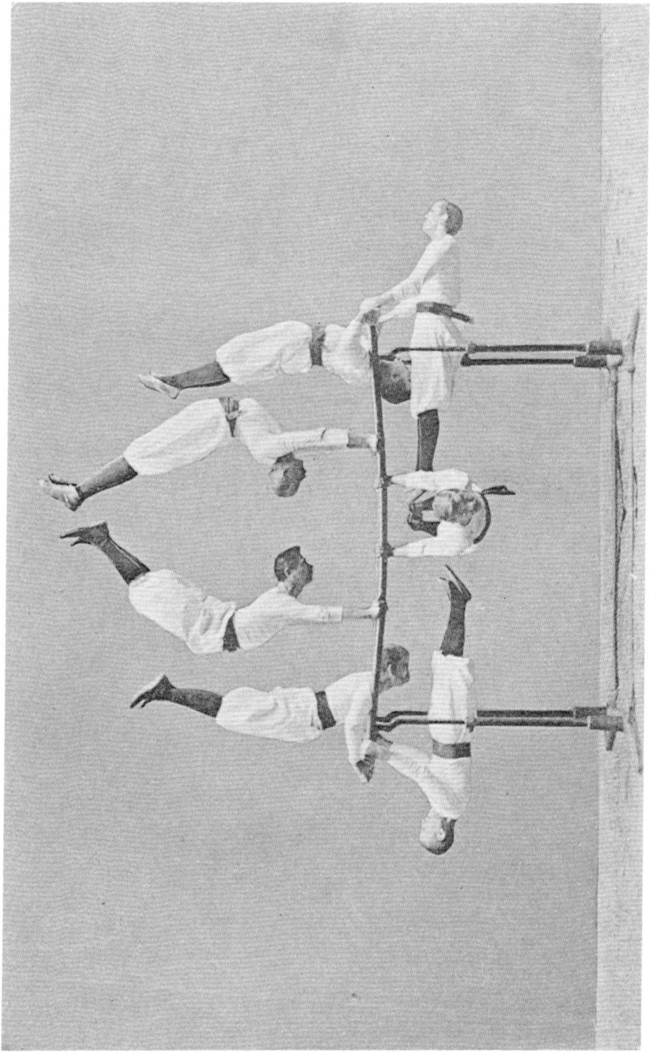

Abbildung 59

Am Barren, Serie 1 – 6
Nr. 07 21909

Lichtdruck
Arbeiter-Turnverlag, Leipzig

Am 7. 8. 1916 von Hannover nach Braunschweig.
An Herrn Karl Bark, Braunschweig, Steige 4 p

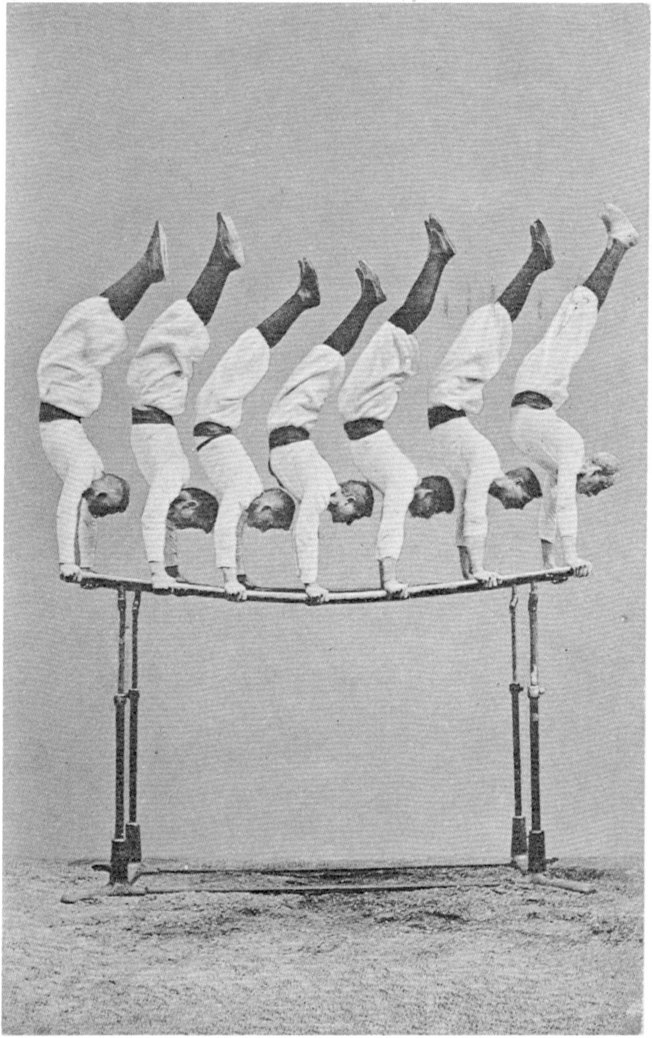

Abbildung 60

Am Barren
Nr. 1553

Lichtdruck

Am 3. 8. 1910 von Vietz nach Niederlehme
An Herrn Gustav Geisler, z. Zt. Niederlehme, Kreis Beeskow-Storkow

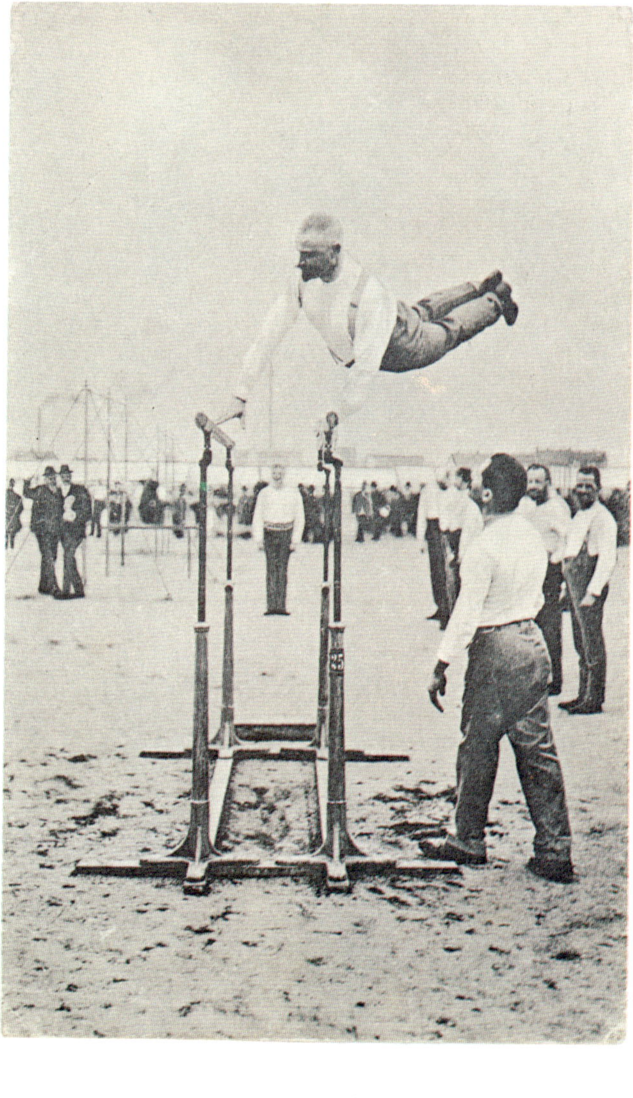

Abbildung 61

Die Brücke
Nr. 36

Farbige Autotypie. Buchdruck
Arbeiter-Turnverlag A.-G., Leipzig
Um 1912
Unbeschrieben

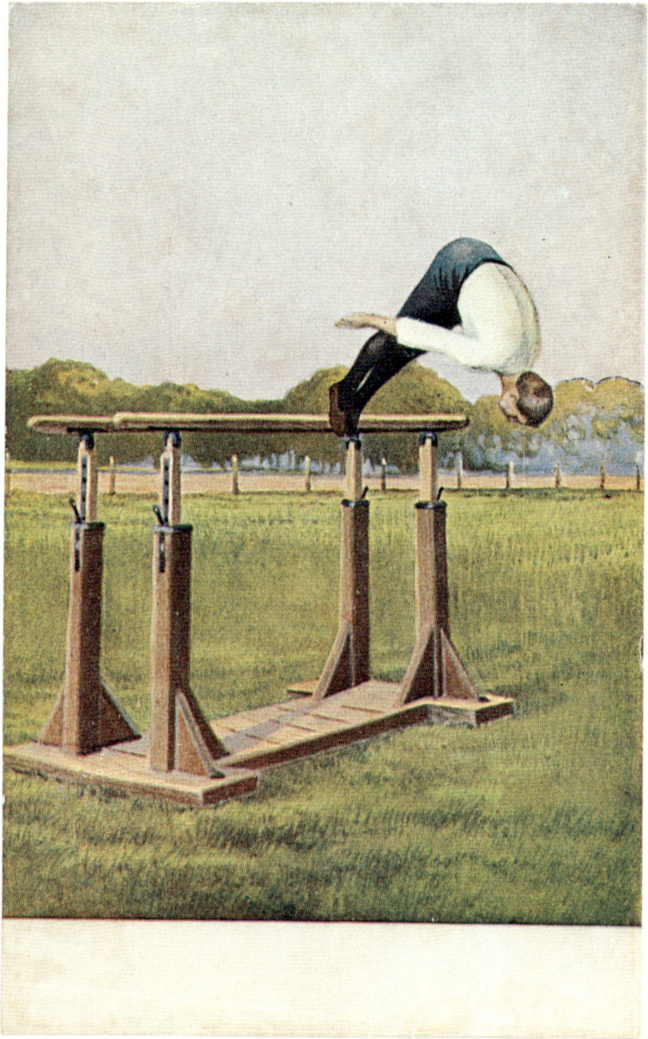

Abbildung 62

Kreiskehre links
Nr. 7

Farbige Autotypie. Buchdruck
Arbeiter-Turnverlag A.-G., Leipzig
Um 1912
Unbeschrieben

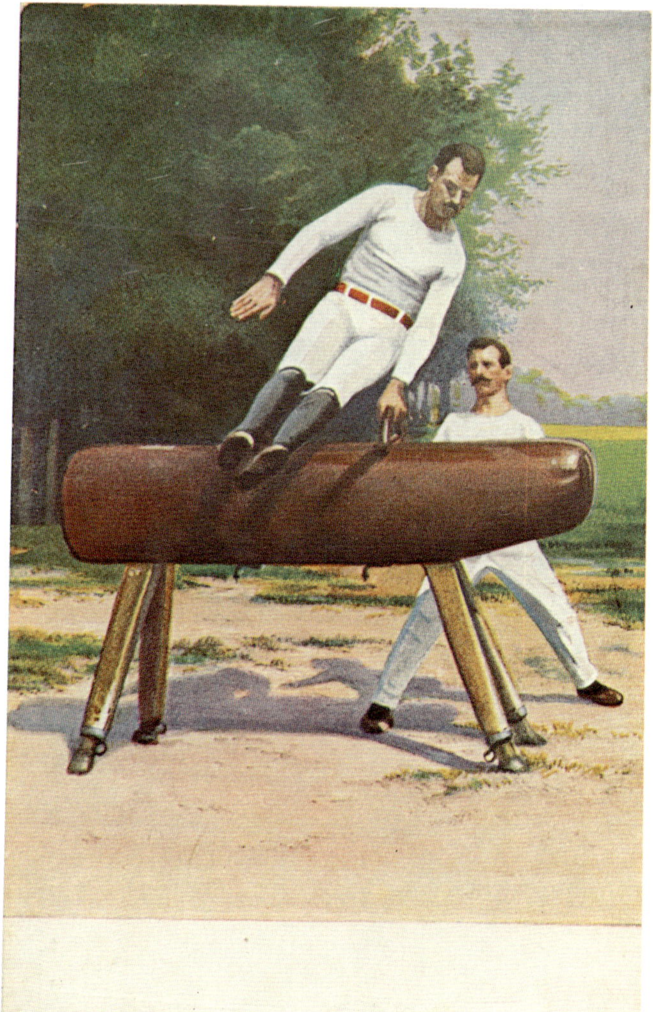

Abbildung 63

Schwungstemme und Grätsche
Nr. 26

Farbige Autotypie. Buchdruck
Arbeiter-Turnverlag A.-G., Leipzig
Um 1912
Unbeschrieben

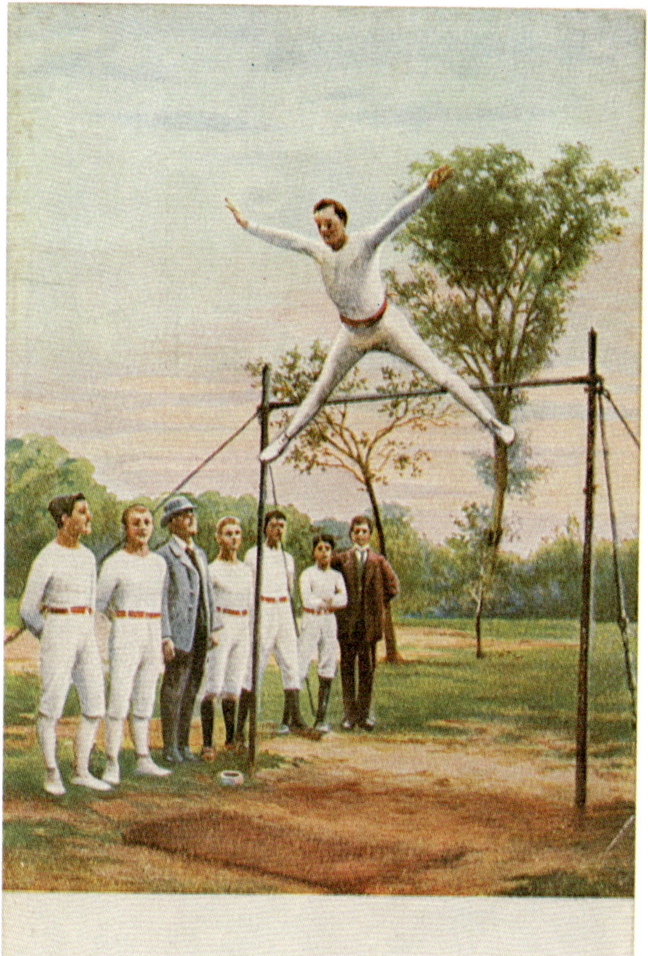

Abbildung 64

Weitsprung
Nr. 2

Farbige Autotypie. Buchdruck
Arbeiter-Turnverlag A.-G., Leipzig
Um 1912
Unbeschrieben

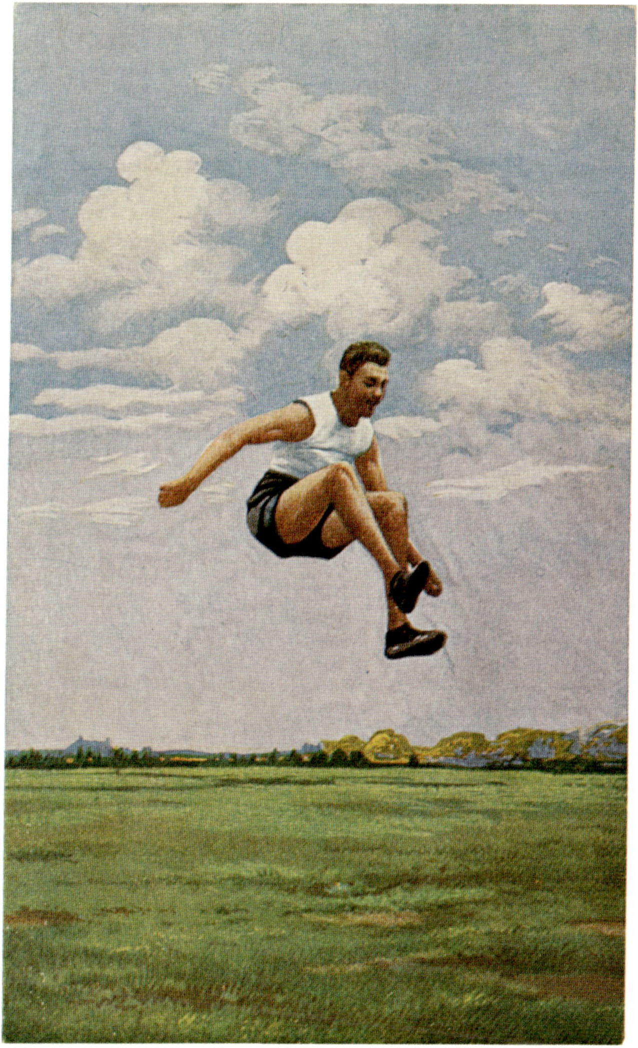

Abbildung 65

Die Arme recht breit, die Knie gebeugt
Wie überfliegst die Schnur du so leicht,
Es wehet die Jacke, es flattert das Haar,
Die Haltung ist einfach wunderbar.

Serie II (8 Muster) Hum. Turnerpostkarten
Lithographie. Verlag: Deutsche Vorturnerzeitung Crefeld

Am 27. 8. 1916 von Varel (Oldenburg) an Herrn Karl Bark,
Braunschweig, Steige 4 p

Die Arme recht breit, die Knie gebeugt
Wie überfliegst die Schnur du so leicht,
Es wehet die Jacke, es flattert das Haar,
Die Haltung ist einfach wunderbar.

Abbildung 66

Kann es wohl etwas Schönres geben
Als langsam sich am Reck zu heben?
Der Biceps schwillet mächtig an,
Die Hose rutscht, so weit sie kann
Und seelenfroh der Turner lacht,
Wenn er das schwere Stück vollbracht.

Serie II (8 Muster) Hum. Turnerpostkarten
Lithographie. Verlag: Deutsche Vorturnerzeitung Crefeld

Am 23. 8. 1916 von Varel (Oldenburg) an Herrn Karl Bark, Braunschweig, Steige 4 p

Kann es wohl etwas Schönres geben
Als langsam sich am Reck zu heben?
Der Biceps schwillet mächtig an,
Die Hose rutscht, so weit sie kann
Und seelenfroh der Turner lacht,
Wenn er das schwere Stück vollbracht.

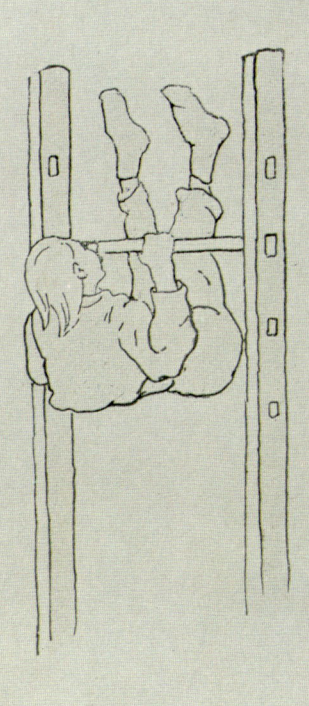

Abbildung 67

Wenn du den hohen Klettermast
Mit Kraft und Fleiß erklommen hast,
Schaust du vom quergelegten Stab
Stolz auf die kleine Welt herab.

Serie II (8 Muster) Hum. Turnerpostkarten
Lithographie. Verlag: Deutsche Vorturnerzeitung Crefeld

Am 22. 8. 1916 von Varel (Oldenburg) an Herrn Karl Bark,
Braunschweig, Steige 4 p

Wenn du den hohen Klettermast
Mit Kraft und Fleiß erklommen hast,
Schaust du vom quergelegten Stab
Stolz auf die kleine Welt herab.

Abbildung 68

Wie unsre Altvorderen warfen den Speer
So wirft hier der Jüngling den hölzernen Ger,
Er hebt ihn hoch mit kräftiger Hand,
Wild ist sein Blick aufs Ziel gewandt.

Serie II (8 Muster) Hum. Turnerpostkarten
Lithographie. Verlag: Deutsche Vorturnerzeitung Crefeld

Am 29. 8. 1916 von Varel (Oldenburg) an Herrn Karl Bark,
Braunschweig, Steige 4 p

Wie unfre Altvorderen warfen den Speer
So wirft hier der Jüngling den hölzernen Ger,
Er hebt ihn hoch mit kräftiger Hand,
Wild ist sein Blick aufs Ziel gewandt.

Abbildung 69

Die Feuertaufe

Chromolithographie nach einer Zeichnung von C. Gölke.
Druck und Verlag: Arbeiter-Turnverein, Leipzig, Nr. 48

Am 17. 11. 1911 von Lehe an Herrn H. Schaffenberg, Heiliggeistfeld, Eisbahn, Hamburg

Die Feuertaufe.-

Abbildung 70

VI. Turnfest des Sokol in Prag 1912
Offizielle Festpostkarte zum 50jährigen Bestehen des Tschechischen Sokol-Vereins (1862–1912)

Farbige Autotypie, Buchdruck nach einem Entwurf des Künstlers
K. V. Mutticha
Verlag: „Minerva", Prag, Spálená 48
Karte Nr. 5
Unbeschrieben

ΔΙΣΚΟΣ

MARATHON
VI·SLET·VŠESOKOLSKY·V·PRAZE·1912
PENTATHLON

Abbildung 71

VI. Turnfest des Sokol in Prag 1912
Offizielle Festpostkarte zum 50jährigen Bestehen des Tschechischen Sokol-Vereins (1862–1912)

Farbige Autotypie, Buchdruck nach einem Entwurf des Künstlers
K. V. Mutticha
Verlag: „Minerva", Prag, Spálená 48
Karte Nr. 4
Unbeschrieben

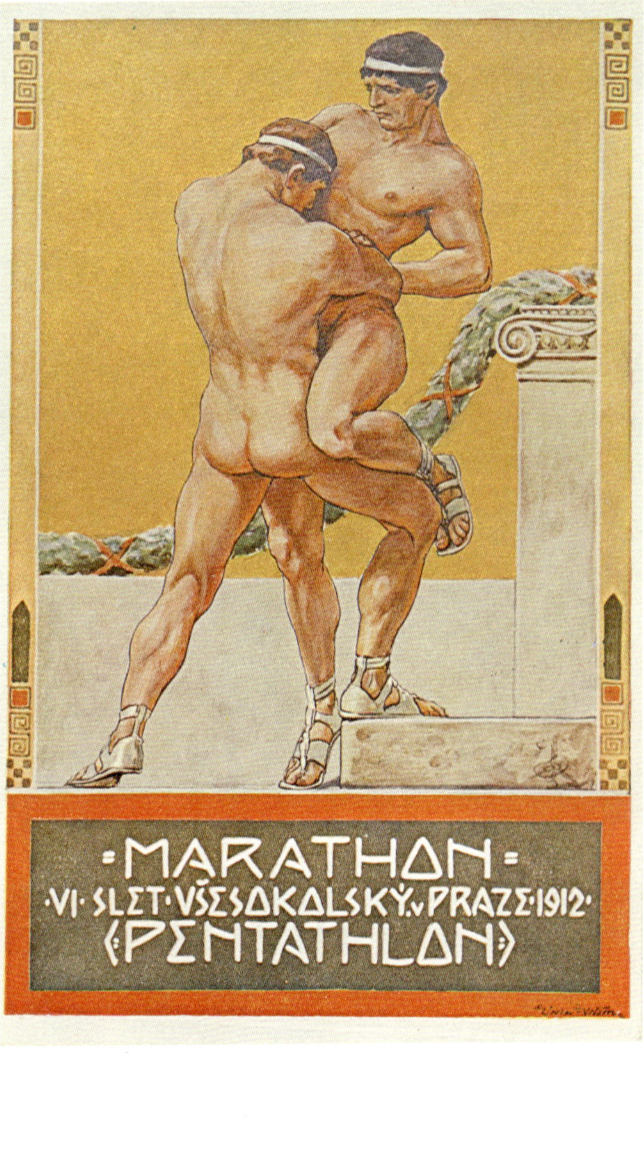
=MARATHON=
·VI·SLET·VŠESOKOLSKÝ·v PRAZE·1912·
(PENTATHLON)

Abbildung 72

VI. Turnfest des Sokol in Prag 1912
Offizielle Festpostkarte zum 50jährigen Bestehen des Tschechischen Sokol-Vereins (1862–1912)

Farbige Autotypie, Buchdruck nach einem Entwurf des Künstlers
K. V. Mutticha
Verlag: „Minerva", Prag, Spálená 48
Karte Nr. 2
Unbeschrieben

MARATHON
VI. SLET VŠESOKOLSKÝ v PRAZE 1912.
(PENTATHLON)

Abbildung 73

Sportgrüße aus Innsbruck.
Wer macht mir's nach!

Photolithographie (Photochromie)
Verlag Robert Warger, Innsbruck
Serie Nr. 398/1911

Am 18. 7. 1912 von Innsbruck an Herrn Karl Hofmann, Wien, XVI, Schellhammergasse 23
Drucksache, unterschrieben von Georg Niedermoser

Sportgrüße aus Innsbruck.
Wer macht mir's nach!

Abbildung 74

XII. Deutsches Turnfest Leipzig
12.–16. Juli 1913

Offizielle Festpostkarte Nr. 2: Der Festkranz
Dreifarbenätzung, Buchdruck, nach einem Entwurf von Gustav Krosselt
Verlag: Dr. Trenkler & Co., Leipzig-St.

Am 15. 7. 1913 von Leipzig-Lindenau an Frl. Lotte Schumann, Dresden-Pl., Plauenscher Ring 10 II.

XII. Deutsches Turnfest
12.–16. Juli LEIPZIG 1913.

Abbildung 75

12. Deutsches Turnfest in Leipzig 1913
Offizielle Festpostkarte Nr. 3: Der Gerwerfer.

Chromolithographie nach einem Entwurf von H. Treiber
Verlag: Emil Gerasch, GmbH

Am 15. 7. 1913 von Leipzig (Sonderstempel) an Herrn Joseph Schupp, Schreinermeister, Wangen im Allgäu

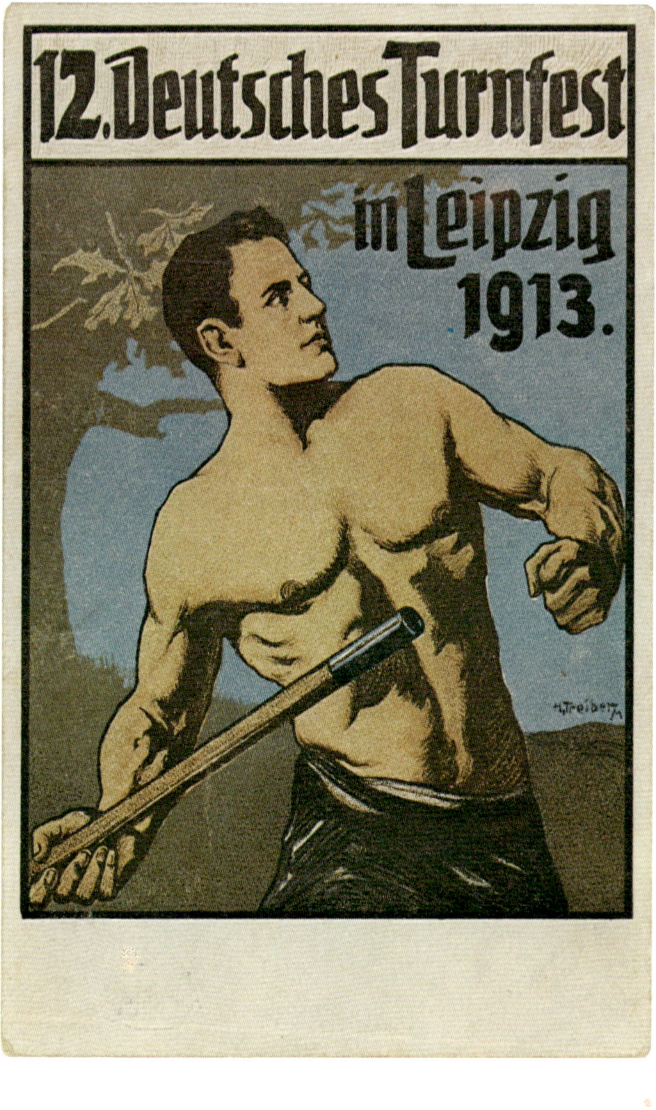
12. Deutsches Turnfest
in Leipzig
1913.
H. Treiber

Abbildung 76

Die drei Turnväter: Guts Muths, Jahn und Spieß
(Titelkopf der „Festzeitung f. d. 12. Deutsche Turnfest, Leipzig 1913"
von Prof. Héroux)

Autotypie, Buchdruck
Verlag: Dr. Trenkler & Co., Leipzig-St.

Sonderstempel: Deutsches Turnfest 1923, München
Am 17. 7. 1923 von München an Herrn Herbert Rehschuh, Zwickau,
Richardstr. 2
[Postkartenporto: 120 Mark]

Die drei Turnväter: Guts Muths, Jahn und Spieß
(Titelkopf der "Festzeitung f. d. 12. Deutsche Turnfest, Leipzig 1913" von Prof. Héroux)

Abbildung 77

Deutsches Turnfest in München 1923
Der deutschen Turnerschaft gewidmet von der Schuhfabrik Confluentia
Jos. Cornelius jr. A.-G. in Coblenz a. Rh.
Spezial-Marke: Turnschuh „Bahnfrei"
Aufdruck:
Trittst du zum Turner-Wettkampf an,
Gleichviel in welcher Rieg',
Bei Wahl der Turnschuh denk daran,
Daß „Bahnfrei" führt zum Sieg.

Chromolithographie
Druck: Ritter & Klöden, Kunstanstalt, Nürnberg

Am 17. 7. 1923 von München an Herrn Albin Zimmermann, Cigarrengeschäft, Leipzig, Johannisplatz, v. Prager Biertunnel
[Postkartenporto: 120 Mark]

Deutsches Turnfest München 1923

Der deutschen Turnerschaft gewidmet von der Schuhfabrik Confluentia
Jof. Cornelius jr. A.-G. in Coblenz a. Rh.
Spezial-Marke: Turnschuh „Bahnfrei"

Abbildung 78

„Durch Reinheit zur Einheit"
„Turnvater" Friedrich Ludwig Jahn nach einem Gemälde von E. Strach
Dreifarbenätzung, Buchdruck von Römmler & Jonas, Dresden.
Postkartenverlag Leo Stainer, Innsbruck. Karte Nr. 53, herausgegeben
vom Bund der Deutschen Südmährens
Um 1912
Unbeschrieben

Durch Reinheit Zur Einheit

Abbildung 79

Olympischer Fackellauf in Österreich
Weihestunde
Wien Heldenplatz, 29. Juli 1936, 20 Uhr

Offsetdruck von Fr. J. Fasching, Wien XII

Am 29. 7. 1936 von Wien (Sonderstempel) an Herrn Leopold Zimmer, Wien III, Marxergasse 12/26

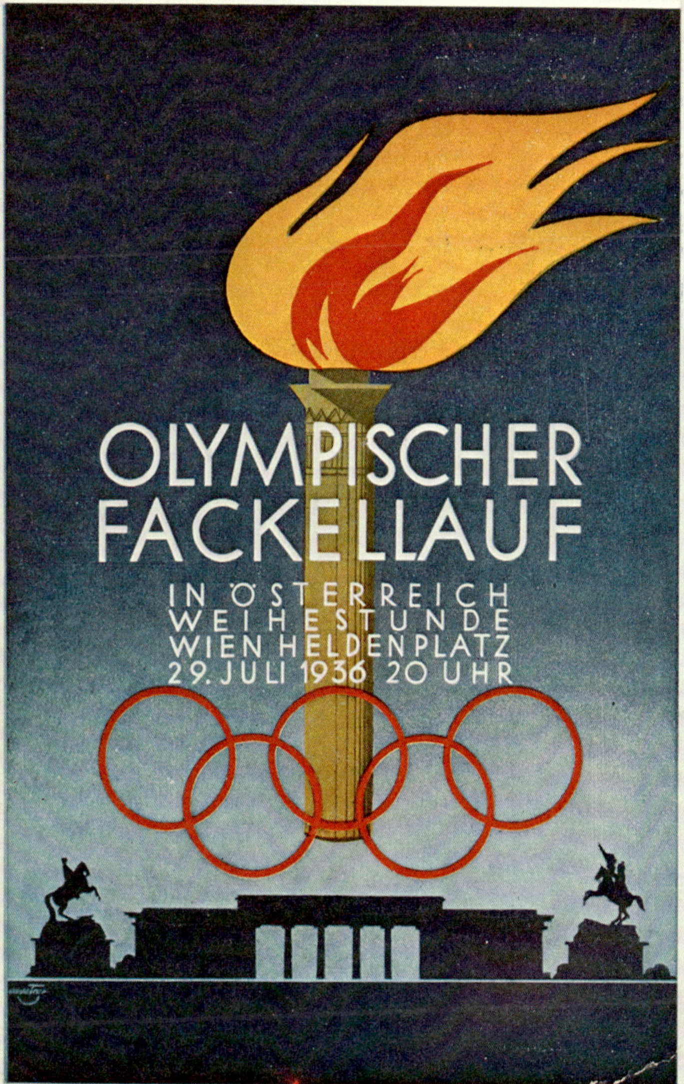

FR. J. FASCHING WIEN XII

Abbildung 80

XI. Olympische Spiele
Berlin 1.–16. August 1936

Dreifarbenätzung, Buchdruck

Am 11. 8. 1936 von Berlin, olympisches Dorf (Sonderstempel), an Leopold Zimmer, Wien III, Marxergasse 12/26

XI. OLYMPISCHE SPIELE
BERLIN 1.-16. AUGUST 1936

Nachwort

Von Hermann Heckmann

Turner, Tradition und Wirklichkeit

Das „Gut Heil" und „Frisch, fromm, fröhlich, frei", das auf den Postkarten dieses Bändchens in so vielen Versionen zu sehen ist, beeindruckt die Enkel der hier verewigten Turnbrüder und -schwestern nur noch wenig. 6 von 14 Jugendturnern, die das alte Zeichen des Turnerbundes mit den vier stilisierten „F" (für „Frisch, fromm, fröhlich, frei") deuten sollten, wußten keine Antwort.

Auf sie wirkt das krampfhafte Hochhalten traditionellen Geistes eher „gezwungen", „unecht", „vertrottelt" (so die Antworten in Interviews). Hans Lenk, Olympiasieger im Rudern und heute ordentlicher Philosophie-Professor, sieht darin freilich nicht „Interessenlosigkeit, Abnahme des Idealismus und der Einsatzbereitschaft, sondern nur Ausdruck der verminderten Bereitschaft, sein ganzes Leben voll dem Verein zu widmen, sich *einseitig* zu engagieren".

In den knapp 100 Jahren, die seit dem Erscheinen der ältesten hier gezeigten Postkarten vergangen sind, hat sich die Einstellung zum Sport gehörig geändert. Zwar haben die Turner auch heute noch ihre Gau- und Bergturnfeste und beim Deutschen Turnfest gibt es gelegentlich auch heute noch Massenquartiere, wie eines auf der Karte zu sehen ist, die ein unbekannt gebliebener Schreiber an Herrn Aug. Lierk in Altona-Bahrenfeld gerichtet hat (Seite 43), doch damit ist das Maß der Gemeinsamkeiten schon fast erschöpft.

Turnen und Sport haben zwar gegenüber der FFFF-Glückseligkeit von damals sogar an Bedeutung gewonnen, aber längst sind andere Vorzeichen gesetzt. Leistungssport läßt kaum noch Freiraum für die Kameradschaft, die einst so hoch im Kurs stand. Und viele der Freizeitsportler, die abends ums Viereck laufen oder am Wochenende mit dem Fahrrad unterwegs sind, legen nur noch auf das erste F des vierwörtrigen Stabreims wert.

„Versachlichung und Individualisierung", schrieb Hans Lenk, „führen zu einer fühlbaren Beschränkung auf den Vereinszweck. Sport gilt als sinnvolle Freizeitbeschäftigung. Man wünscht auch noch ‚etwas Geselligkeit', alles darüber hinaus gilt jedoch als unpassend für den Sportverein. Nach dem Abbau der gefühlsmäßigen Bindung wird der Verein nicht mehr als ganzheitlich bindende Lebensform oder gar als ‚wahre Lebensgemeinschaft' empfunden, sondern mehr als Zweckorganisation, die freiwillig neben vielen anderen Institutionen benutzt wird, um private Freizeitbedürfnisse zu erfüllen."

Dem steht nicht nur jener „heilige Ernst" gegenüber, mit dem die Helden dieses Büchleins an Reck und Barren zu sehen sind. Damals hat man auch zu feiern verstanden, denn Geselligkeit fand noch nicht in Form von Parties statt und schon gar nicht vor dem Fernsehschirm. Es gab noch nicht einmal den bald darauf obligatorischen Radioapparat, und natürlich konnte auch nicht von Fernreisen die Rede sein. Eine Eisenbahnfahrt von Altona nach Itzehoe war bereits ein solches Ereignis, daß sie den Teilnehmern am dortigen Turnfest eine eigene Karte an die Daheimgebliebenen wert gewesen ist (Seite 43).

Das Turnen und der Turnverein haben in der Zeit, in der die Postkarten geschrieben wurden, die Robert Lebeck für dieses Taschenbuch zusammengestellt hat, eine Rolle gespielt, die weit über die vier „F" hinausgeragt hat. Im Turnverein wurde nicht nur geturnt, sondern auch erzählt und gefeiert – von der Ideologie, die sich zu jener Zeit in der Turnbewegung niedergeschlagen hat, ganz zu schweigen.

Für einige der Männer, die mit ihren gezwirbelten Bärten und dicken Muskelpaketen auf den vorausgegangenen Seiten zu sehen sind, war das Hantieren mit den Hanteln und der Kraftakt am Reck auch ein Vorwand, nach der Frau fürs Leben Ausschau zu halten. Schließlich kommt es ja nicht von ungefähr, daß auf so vielen Karten liebreizende Zuschauerinnen zu sehen sind: Man wollte sich zur Schau stellen, und den hübschen jungen Damen gefallen.

Als die Damen gar selbst den Rock hochnahmen und sich an den Geräten versuchten, ging eine Welle der Empörung durch die „feine" Gesellschaft. Zwar waren die jungen Damen nütze, wenn es darum ging, den Lorbeerkranz zu winden, zum erstenmal in einem Trikot bekommen wir die Turnschwestern von damals jedoch erst auf einer Karte aus dem Jahre 1910 zu sehen (Seite 103).

Immerhin haben sich die Turner von damals auch getraut, sich selbst auf den Arm zu nehmen. Man schaue sich nur den unübersehbar schwankenden Turner an, der auf der Karte vom 11. Deutschen Turnfest in Frankfurt zu sehen ist (Seite 75). Der Affe, der den Zustand des angeschlagenen Turnbruders symbolisieren soll, hat seinerseits die

Reckstange erklommen und sich die Plakette, die es vorher zu erobern gab, an den Schwanz gebunden!

Von solcher Schelmerei ist allerdings nichts mehr zu spüren, wenn die Postkarten ins Blickfeld rücken, mit denen Robert Lebeck dieses Buch beschließt: Postkarten, die zu den Olympischen Spielen 1936 in Berlin erschienen sind und bereits Teil einer Propagande waren, in der es für das „Frisch, fromm, fröhlich, frei" von damals keinen Platz mehr gab.

In gleicher Ausstattung
erscheinen aus der Postkarten-Sammlung von Robert Lebeck
in der Reihe „Die bibliophilen Taschenbücher"

Gaudeamus igitur
Jugendstil-Postkarten II
Alte Reklame aus den USA
Kehrseiten
Der Photograph war dabei
Skurrile Postkarten

Bereits erschienen

Playgirls von damals (Band 57)
Reklame-Postkarten (Band 69)
Der Kuß (Band 77)
Herzlichen Glückwunsch (Band 94)
Bitte recht freundlich (Band 105)
Angeberpostkarten (Band 115)
Potztausend, die Liebe (Band 133)
Riesen, Zwerge, Schauobjekte (Band 143)
Liebig's Sammelkarten (Band 148)
Propaganda-Postkarten I (Band 154)
Propaganda-Postkarten II (Band 157)
Frisch, fromm, fröhlich, frei (Band 166)

Die bibliophilen Taschenbücher

In der Reihe „Die bibliophilen Taschenbücher"
erscheinen berühmte und originelle Bücher und Dokumente
aus vergangenen Jahrhunderten und Jahrzehnten
in ihrer ursprünglichen Typographie.
Zum Lesen, Sammeln und Verschenken.

Die einzelnen Gruppen:

Kulturgeschichte
Geschichte und Gesellschaft
Literatur
Märchen, Sagen, Sammlungen
Alte Kinderbücher
Kunst und Architektur
Karikaturen
Erotica
Natur und Tiere
Kulinarisches
Länder, Reisen, Veduten
Kassetten-Editionen
Bibliophile Kunstpostkarten

Gesamtverzeichnis bei Ihrem Buchhändler

Karikaturen

Kladderadatsch
1. Jahrgang – 1848
Die bibliophilen Taschenbücher Nr. 3
140 Seiten, 82 Abbildungen, 6,80 DM

Grandville
Die Seele der Blumen –
Les Fleurs Animées
Nach der Ausgabe von 1847
Mit einem Nachwort
von Marianne Bernhard
Die bibliophilen Taschenbücher Nr. 19
116 Seiten, 51 Farbtafeln, 14,80 DM

Fliegende Blätter
1844–1854. Eine Auswahl
Herausgegeben von Marianne Bernhard
Die bibliophilen Taschenbücher Nr. 74
zahlreiche Abbildungen
213 Seiten, 9,80 DM

Albert Robida
Luftschlösser der Belle Époque
100 utopische Zeichnungen 1880
Herausgegeben von Winfried Petri
Die bibliophilen Taschenbücher Nr. 97
100 Abbildungen, 8farbig
213 Seiten, 12,80 DM

Grandville
Verwandlungen von heute
Nach der Ausgabe von 1854
Mit einem Nachwort
von Marianne Bernhard
Die bibliophilen Taschenbücher Nr. 109
70 farbige Abbildungen
155 Seiten, 14,80 DM

Honoré Daumier
Caricaturiana
Nach der Ausgabe von 1839
101 Lithographien
Bilddialoge von Charles Philipon
Übertragen von Chr. W. Nebehay
Mit einem Anhang von
Margot Berthold und
Thomas W. Gaehtgens
Die bibliophilen Taschenbücher Nr. 113
220 Seiten, 101 Abbildungen, 9,80 DM

Johann Hermann Detmold/
Adolf Schrödter
Taten und Meinungen
des Abgeordneten Piepmeyer
Nach der Ausgabe von 1849
Mit einem Nachwort von
Rudolf Theilmann
Die bibliophilen Taschenbücher Nr. 118
142 Seiten, 50 Tafeln, 6,80 DM

Gustav Kölle
Opern-Typen
Naive Darstellungen aus den
beliebtesten Opern
Nach der Ausgabe von 1882
Herausgegeben von Hermann Hildebrandt
Die bibliophilen Taschenbücher Nr. 124
54 Farbtafeln
252 Seiten, 16,80 DM

Philipp Franz von Gudenus
Reiter, Husaren
und Grenadiere
Die Uniformen der Kais. Armee 1734
Herausgegeben von Hans Bleckwenn
Die bibliophilen Taschenbücher Nr. 125
40 Farbtafeln
93 Seiten, 14,80 DM

Franz von Pocci
Der Staatshämorrhoidarius
Nach der Buchausgabe von 1857
Mit einem Nachwort
von Marianne Bernhard
Die bibliophilen Taschenbücher Nr. 126
123 Holzschnitte
138 Seiten, 6,80 DM

Karl Arnold
Drunter, drüber,
mittenmang
Karikaturen aus dem Simplicissimus.
Vorwort von Hermann Kesten
Die bibliophilen Taschenbücher Nr. 132
151 Seiten, 109 Abbildungen, 8,80 DM

Paul Gavarni
Paris am Tag
und bei Nacht
Karikaturenfolgen
Nach den Buchausgaben von 1846/47
Die bibliophilen Taschenbücher Nr. 137
167 Abbildungen
181 Seiten, 9,80 DM

Neu im Juni
Rüdiger Lentz
Vom Kadetten zum General
Das Militär in der Karikatur
Die bibliophilen Taschenbücher Nr. 176
120, teilweise farbige Abbildungen
ca. 225 Seiten, 14,80 DM

Neu im August
Thomas Rowlandson
Allerlei Liebe
Erotische Graphik
Die bibliophilen Taschenbücher Nr. 190
50 farbige Abbildungen
ca. 120 Seiten, 14,80 DM

Neu im August
Ernst Stern
Cafe Größenwahn
Karikaturenfolge
Mit einem Nachwort
von Henriette Hoffmann
Die bibliophilen Taschenbücher Nr. 192
17 Farbabbildungen
ca. 40 Seiten, 9,80 DM

Neu im September
V. Lenepveu
Horror-Galerie
Ein Bestiarium der Dritten Republik
Herausgegeben voruth Malhotra
Die bibliophilen Taschenbücher Nr. 194
51 farbige Abbildungen
ca. 120 Seiten, 16,80 DM

Kulturgeschichte

Die Gutenberg-Bibel
Nach der Ausgabe von 1450–1455
Mit Nachworten von Wieland Schmidt
und Aloys Ruppel
Die bibliophilen Taschenbücher Nr. 1
320 Seiten, 14,80 DM

Kladderadatsch
1. Jahrgang – 1848
Die bibliophilen Taschenbücher Nr. 3
140 Seiten, 82 Abbildungen, 9,80 DM

Das Lob des Tugendsamen Weibes
Nach der Ausgabe von 1885
Die bibliophilen Taschenbücher Nr. 7
30 Illustrationen von L. von Kramer
60 Seiten, 6,80 DM

Pater Hilarion alias Joseph Richter
Bildergalerie weltlicher Misbräuche
Nach der Ausgabe von 1785
Die bibliophilen Taschenbücher Nr. 8
270 Seiten, 20 Tafeln, 9,80 DM

Christoph Weigel
*Abbild- und Beschreibung der
Gemein-Nützlichen Haupt-Stände*
Nach der Ausgabe von 1698
Die bibliophilen Taschenbücher Nr. 9
434 Seiten, 210 Tafeln, 14,80 DM

Anmuth und Schönheit
Nach der Ausgabe von 1797
Die bibliophilen Taschenbücher Nr. 21
317 Seiten, 5 Abbildungen, 9,80 DM

Alte Bilderrätsel
Aus dem 19. Jahrhundert
Mit einem Nachwort von Ulrike Bessler
Die bibliophilen Taschenbücher Nr. 22
151 Seiten, 69 Tafeln, 6,80 DM

Karl Friedrich Flögel
Geschichte des Grotesk-Komischen
Nach der Ausgabe von 1862
Die bibliophilen Taschenbücher Nr. 24
548 Seiten, zahlreiche Farb- und
Schwarzweiß-Abbildungen sowie alle
Klapp- und Verwandlungseffekte
16,80 DM

*Herzensangelegenheiten.
Liebe aus der Gartenlaube*
Aus dem 19. Jahrhundert
Mit einem Nachwort von Marianne Bernhard
Die bibliophilen Taschenbücher Nr. 26
156 Seiten, 102 Abbildungen, 6,80 DM

Kaiser-Wilhelm-Album
Mit einer Chronologie von Heiner Höfener
Die bibliophilen Taschenbücher Nr. 34
180 Seiten, 82 Abbildungen, 12,80 DM

Hans Burgkmair d. J.
Turnier-Buch
Nach der Ausgabe von 1853
Mit einem Nachwort von R. Bentmann
Die bibliophilen Taschenbücher Nr. 43
27 Farbtafeln nach Hans Burgkmair
86 Seiten, 9,80 DM

Andreas & Angela Hopf
Alte Exlibris
Die bibliophilen Taschenbücher Nr. 48
220 Abbildungen, davon 32 in Farbe
240 Seiten, 16,80 DM

Oscar Ludwig Bernhard Wolff
*Naturgeschichte des
Deutschen Studenten*
Nach der Ausgabe von 1847
Die bibliophilen Taschenbücher Nr. 53
232 Seiten, 29 Abbildungen, 9,80 DM

U. Drumm/A. W. Henseler/E. J. May
Alte Wertpapiere
Die bibliophilen Taschenbücher Nr. 62
170 farbige Abbildungen
240 Seiten, 19,80 DM

Robert Lebeck (Hrsg.)
Reklame-Postkarten
Mit einem Nachwort von Jürgen Kesting
Die bibliophilen Taschenbücher Nr. 69
80 meist farbige Abbildungen
176 Seiten, 16,80 DM

Elke Dröscher
Puppenwelt
Die bibliophilen Taschenbücher Nr. 70
80 farbige Abbildungen
172 Seiten, 16,80 DM

Fliegende Blätter
1844–1854. Eine Auswahl
Herausgegeben von
Marianne Bernhard
Die bibliophilen Taschenbücher Nr. 74
zahlreiche Abbildungen
213 Seiten, 9,80 DM

Bilder-Gallerie
Nach der Ausgabe von 1825/27
Mit einem Nachwort von Heiner Höfener
Die bibliophilen Taschenbücher Nr. 83
226 Tafeln
540 Seiten, 14,80 DM

Pariser Mode vor hundert Jahren
Mit einem Nachwort von Ruth Bleckwenn
Die bibliophilen Taschenbücher Nr. 86
42 vierfarbige Abbildungen
127 Seiten, 12,80 DM

Ruth Malhotra
Manege frei
Artisten- und Zirkusplakate
von Adolph Friedländer
Die bibliophilen Taschenbücher Nr. 91
128 farbige Abbildungen
296 Seiten, 19,80 DM

Johann Willsberger
Alte Cameras
Die bibliophilen Taschenbücher Nr. 93
68 farbige Abbildungen
151 Seiten, 14,80 DM

Robert Lebeck (Hrsg.)
Herzlichen Glückwunsch
80 alte Postkarten
Mit einem Nachwort von Gerhard Kaufmann
Die bibliophilen Taschenbücher Nr. 94
80 Abbildungen
175 Seiten, 16,80 DM

Albert Robida
Luftschlösser der Belle Époque
100 utopische Zeichnungen
Herausgegeben von Winfried Petri
Die bibliophilen Taschenbücher Nr. 97
100 Abbildungen, teilweise farbig
213 Seiten, 12,80 DM

Kurt K. Doberer
Schöne Briefmarken
Die bibliophilen Taschenbücher Nr. 99
80 farbige Abbildungen
172 Seiten, 16,80 DM

Elke Dröscher
Puppenleben
Die bibliophilen Taschenbücher Nr. 103
80 farbige Abbildungen
123 Seiten, 16,80 DM

Robert Lebeck (Hrsg.)
Bitte recht freundlich
80 alte Postkarten
Mit einem Nachwort von Manfred Sack
Die bibliophilen Taschenbücher Nr. 105
80 farbige Abbildungen
180 Seiten, 16,80 DM

Wilhelm Wolf
Fahrrad und Radfahrer
Nach der Ausgabe von 1890
Nachwort von Hans-Erhard Lessing
Die bibliophilen Taschenbücher Nr. 106
270 Seiten, 342 Abbildungen, 9,80 DM

Rebusbilder
Aus der Wiener allgemeinen Theaterzeitung
Nachwort von Fritz Bernhard
Die bibliophilen Taschenbücher Nr. 108
92 Seiten, 46 Farbtafeln, 14,80 DM

Glücks-Rädlein oder
Wahrsagungs-Büchlein
Nach der Ausgabe von 1676
Die bibliophilen Taschenbücher Nr. 112
100 Seiten, 6,80 DM

Robert Lebeck (Hrsg.)
Angeberpostkarten
Nachwort von Josef Müller-Marein
Die bibliophilen Taschenbücher Nr. 115
80, meist farbige Abbildungen
173 Seiten, 14,80 DM

Philipp Franz von Gudenus
Reiter, Husaren
und Grenadiere
Die Uniformen der Kais. Armee 1734
Herausgegeben von Hans Bleckwenn
Die bibliophilen Taschenbücher Nr. 125
93 Seiten, 40 Farbtafeln, 14,80 DM

Journal des Luxus und der Moden
80 kolorierte Kupfer
aus Deutschlands erster Modezeitschrift
Ausgewählt und erläutert
von Christina Kröll
Die bibliophilen Taschenbücher Nr. 117
80 farbige Abbildungen
182 Seiten, 16,80 DM

Andreas & Angela Hopf
Exlibris der Dame
Die bibliophilen Taschenbücher Nr. 119
90, meist farbige Abbildungen
196 Seiten, 16,80 DM

Fritz Bernhard
Ballspenden
Die bibliophilen Taschenbücher Nr. 127
120 Farbfotos von Elke Dröscher
247 Seiten, 19,80 DM

Das Hausbuch der Cerruti
Nach der Handschrift in der
Österreichischen Nationalbibliothek
Übertragung und Nachwort
von F. Unterkircher
Die bibliophilen Taschenbücher Nr. 130
212 Farbseiten
insgesamt 227 Seiten, 24,80 DM

F. Bernhard/F. Glotzmann
Spitzenbilder
Die bibliophilen Taschenbücher Nr. 131
80 kolorierte Pergamentschnitte
188 Seiten, 16,80 DM

Reingard Witzmann
Freundschafts- und Glückwunschkarten aus dem Wiener Biedermeier
Herausgegeben vom Historischen Museum
der Stadt Wien
Die bibliophilen Taschenbücher Nr. 134
113 farbige Abbildungen
200 Seiten, 19,80 DM

Johann Wilhelm Petersen
Geschichte der deutschen National-Neigung zum Trunke
Nach der Ausgabe von 1782
Nachwort von Arno Kappler
Die bibliophilen Taschenbücher Nr. 138
180 Seiten, 6,80 DM

Ernst W. Mick
Altes Buntpapier
Die bibliophilen Taschenbücher Nr. 140
ca. 100 Farbseiten
insgesamt 175 Seiten, 24,80 DM

Rainer E. Lotz
Grammophonplatten aus der Ragtime-Ära
Die bibliophilen Taschenbücher Nr. 141
80 farbige Abbildungen
212 Seiten, 16,80 DM

Robert Lebeck (Hrsg.)
Riesen, Zwerge, Schauobjekte
80 alte Postkarten
Mit einem Nachwort von Ulrich Bischoff
Die bibliophilen Taschenbücher Nr. 143
177 Seiten, 16,80 DM

Albert Pick
Altes Papiergeld
Die bibliophilen Taschenbücher Nr. 145
ca. 120 farbige Abbildungen
248 Seiten, 19,80 DM

Eduard Polak
Bunte Eier aus aller Welt
Die bibliophilen Taschenbücher Nr. 146
80 farbige Abbildungen
181 Seiten, 14,80 DM